明治頌歌

言葉による交響曲

❖新保《しんぽ》祐司《ゆうじ》

内村さんのような人が明治に産出したことは明治の光だと思う。
――徳富蘇峰【昭和二十八年、九十歳】

展転社

前奏曲

一

信時潔《のぶときよし》と並んで、近代日本の音楽を代表する作曲家である山田耕筰の作品に、大正十年に作曲された『交響曲「明治頌歌」』がある。

信時潔は、戦前には第二の国歌とも言われた『海ゆかば』の作曲家であり、そのことが戦後の軽薄な風潮の中では逆風となって、山田耕筰に比べると人口に膾炙しない年月が長く続いたが、近年その代表作である『交声曲「海道東征」』（作詩は、北原白秋）が戦後七十余年の封印を解かれて復活した。

この名曲も、「紀元二千六百年」の年、昭和十五年に、奉祝曲として作られたことや神武天皇の東征を題材にしていることなどが「戦後民主主義」の時代思潮に合わず、ほとんど演奏されることがなかった。しかし、戦後七十年の年に大阪で開かれた公演を機に見事復活を果たしたのであった。

歴史の神は、正しいものを見捨てることはないということが改めて確信される。やはり精神の本物は、伝えられるものなのである。

一方、山田は、今日、『赤とんぼ』『この道』『からたちの花』などの国民的愛唱歌によって知られているが、「紀元二千六百年」の奉祝曲としては、『交響詩「神風」』を作曲している。同じ年には、オペラ『黒船』が初演された。音楽的には、大変な野心家であり、日本の伝統的な音楽と西洋音楽とをどのようにして融合させることができるかについて真剣に考え、『長唄交響曲「鶴亀」』という問題作を昭和九年に作曲している。この曲は、歌い手、三味線、囃子と長唄そのものが出てきて、それが西洋式の交響楽団と協奏するというものである。

その山田のオーケストラ分野での一番の自信作とされているものが、『交響曲「明治頌歌」』なのである。この曲は、昭和二十五年から昭和二十六年にかけて祝われた「作曲生活五十周年」の際には、近衛秀麿の指揮で演奏された。

およそ十八分の曲であるが、開国――幕末の動乱――文明開化（西洋文明の受容）――明治天皇の崩御――日本と西洋との真の融合、といった内容が音で描かれた単一楽章の交響曲である。最後の「日本と西洋との真の融合」というものが、山田の願うところであり、昭和九年の『長唄交響曲「鶴亀」』はその一つの帰結と言うこともできるのかもしれない。

しかし、その帰結が、実り多い成果であったかとなるとやはり疑問が残るところで、形の上での日本と西洋とは、言ってみれば水と油で「真の融合」にはなっていないように感じられる。「真の融合」には、形の上ではない、精神の深みにおける「融合」が必要であり、その点、信時潔の『海ゆかば』における、バッハのコラールと『万葉集』の大伴家持の長歌の一節との「融合」や『交声曲「海道東征」』における、西洋のカンタータ（交声曲）と北原白秋によって『古事記』や『万葉集』などからひき出された言葉との「融合」の方が、「真の融合」になっているように思われる。

『長唄交響曲「鶴亀」』に比べて、『交響曲「明治頌歌」』は、雅楽の篳篥《ひちりき》と日本やアジアのいくつかの打楽器が入ってはいるが、特に違和感を強く感じさせるほどの響きにはなっていない。篳篥が明治天皇の葬送行進曲に使われることなどは、音楽の演奏効果を高めるのに役立っているように感じられる。

山田耕筰は、ベルリンでリヒャルト・シュトラウスの交響詩に感銘を受けた。シュトラウスの交響詩と言えば、『英雄の生涯』『ドン・ファン』『ツァラトゥストラかく語りき』『死と変容』『ドン・キホーテ』などが有名だが、この『交響曲「明治頌歌」』の、明治という時代の変遷を音楽で描くという発想も、そこから影響されたものと推察される。

この曲は、大正十年五月一日に日本で、山田自身の指揮で初演された後、戦前に、ベルリン、モスクワなどで演奏され、ベルリン・フィルとの自作自演の録音も残っている。

しかし、この山田の自信作も、今日あまり知られていない。CDは、ナクソスの「日本作曲家選輯」の一枚として出ている。『長唄交響曲「鶴亀」』と『舞踏交響曲「マグダラのマリア」』と一緒である。

明治百五十年を迎えようという今日、明治を描いたこの曲が演奏される機会がもっと増えることを願うものである。この曲のすばらしさは、まずはタイトルにある。明治を描くにあたって、山田耕筰は「頌歌」という言葉を使った。「明治頌歌」である。山田は明治十九年に生まれ、信時は、明治二十年である。まさに「明治人」であり、明治を回想するとき、山田が「頌歌」を捧げたくなったのは、自然な気持ちからであったであろう。

二

この山田耕筰の『交響曲「明治頌歌」』を聴いているうちに、私も明治という偉大な時代に対して私なりの「頌歌」を歌いたくなってきた。もちろん、言葉による「頌歌」である。山田はリヒャルト・シュトラウスの交響詩に範をとったようであるが、私はブラームスに倣いたいと思う。

ブラームスは、変奏曲の大家であった。『ヘンデルの主題による変奏曲とフーガ』や『ハイドンの主題による変奏曲』などが特に有名であるが、前者は、ヘンデルのハープシコード組曲第二番の第一曲の第二楽章、アリアと変奏の、そのアリアの部分を主題としている。ヘンデル自身は、変奏曲を五曲しか書いていないが、ブラームスは二十五曲もの変奏曲を作り、最後を重厚壮大なフーガで締めくくっている。

この三十分ほどの曲を聴いていると、軽やかな主題が、変奏のたびに様々に表情を変えていくのに圧倒される。素朴に感じていただけの主題から、これほどの力強い、また荘重な音楽が引き出されてくるのは、驚異と言ってもいい。

ブラームス対ヴァーグナーという音楽史上周知の対立は、双方の取り巻きによって増幅されたものだが、私は対立よりもヴァーグナーがブラームスを認めたのが、他ならぬ『ヘンデルの主題による変奏曲とフーガ』であったことを大変意味深いことだと思っている。この二人は、たった一度だけ会ったことがある。一八六四年のことで、ブラームス三十歳、ヴァーグナー五十歳であった。

このとき、ブラームスはこの曲をヴァーグナーの前で弾いてみせた。ヴァーグナーは、この作品に深い感銘を受け、古い形式をどう扱うかを知っている人の手にかかると、古い形式で未だどんなことが行われ得るかを示される、と言ったのは有名な話である。やはり、ヴァーグナーもさすがと言うべきであろう。「未来音楽派」のヴァーグナーは、「新古典主義者」のブラームスを容赦なく攻撃したが、この感嘆の言葉だけがただ一つの例外として残されている。いかに、ブラームスが変奏曲の大家であったかがわかる。また、変奏という形式が、いかに豊かな表現となりうるかを示している。

『ハイドンの主題による変奏曲』の方は、ハイドンの作とされる主題によって、ブラームスが八つの変奏曲と終曲を書いた傑作である。二台のピアノ用と管弦楽用があるが、私が普段愛聴しているのは、管弦楽用のものである。

小林秀雄と五味康祐との対談「音楽談義」の録音を聴いて興味深かったことの一つは、小林が当時連載していた本居宣長論をブラームスを聴きながら書いているという発言であった。変奏という「古い形式」に習熟していたブラームスには、忍耐、意志、勇気といったものがあり、ブラームスだって「未来音楽派」的なことをやろうと思えばできたのだと言って、最後の方では、「僕はブラームスみたいに書きたいなあと、この頃思っている」とまで語っている。これは、ブラームスのように変奏しているということを指しているので、晩年の大作『本居宣長』は、いわば『本居宣長の主題による変奏曲』なのである。

私が、ブラームスに倣って、明治に対する頌歌を書きたいと言うとき、まず思い浮かべているのは、ブラームスの交響曲第一番ハ短調である。これは、私の「特愛」の音楽で、この曲の持っている悲劇的な深みが、明治という時代に合っているように感じられる。

この交響曲は、一八七六年、ブラームス、四十三歳のときに発表されたものである。しかし、着想からは、二十年かかったとも言われている。小林は、それはベートーヴェンを理解するのにそれだけの時間がかかったのだと小林らしい批評をしているが、「忍耐、意志、勇気」が発揮されたのに違いない。このブラームスの交響曲第一番を、指揮者のハンス・フォン・ビューローがのちに、交響曲第十番と呼んだ。これは、もちろんベートーヴェンの交響曲全九曲を受け継ぐに値する曲だと高く評価したからである。

ベートーヴェンの交響曲第五番「運命」の音楽の流れには、ベートーヴェンのモットー「闘争ののちの勝利」あるいは「苦悩を経ての歓喜」が示されているが、ブラームスの交響曲第一番は、結尾で勝利が高らかに歌われ、深い感動に圧倒される。

黛敏郎、團伊玖磨と「三人の会」を結成し、戦後日本の作曲界に新風を吹き込んだ芥川也寸志は、作家・芥川龍之介の三男である。平成元年に六十三歳で亡くなったが、死の前日、家族に「もう一度ブラームスの交響曲第一番が聴けたら……」ともらしたと伝えられている。芥川也寸志と言えば、私などは、NHKの大河ドラマの第二作目『赤穂浪士』のテーマ音楽を思い出す。大佛次郎の原作で、大石内蔵助を長谷川一夫、吉良上野介を滝沢修が演じた名作であったが、芥川が作曲したこの音楽がまた大変印象に残っている。

その芥川也寸志が、死の前日に「もう一度」聴きたい音楽として、ベートーヴェンでも、モーツァルトでも、バッハでもなく、ブラームスを挙げたということに、私は深く共感する。やはり、芥川也寸志は、「忍耐、意志、勇気」、あるいは、結尾の重厚な勝利への到達に深く思いを致したのだと思う。

私が、明治への頌歌を「ブラームスを聴きながら書きたいなあと思っている」のは、明治という時代の流れに、「闘争ののちの勝利」というテーマを見て取っているからである。そして、これはブラームスの交響曲第一番が書かれた時代のドイツとも通底するものがあるのである。この曲の作曲の時期は、ブラームスが待望していた一八七一年のドイツ統一帝国の成立を挟んでいる。第四楽章が歓喜を謳歌したものになっているのは、ベートーヴェンの好んだモットーの「闘争を通過しての勝利」に倣っているとともに、帝国成立の喜びをブラームスが表現したものと言われることもある。思えば、大日本帝国の成立とドイツ帝国の成立は、年代的に近いものであった。事実、ブラームスの交響曲第一番の完成は、一八七六年であり、明治九年にあたるのである。ベートーヴェンの交響曲第五番「運命」となると、その完成は、一八〇八年であり、文化文政の頃になってしまう。範は、やはり、ブラームスでやりたい。

ブラームスに天才を認め、世に出すのに大きな役割を果たした作曲家、シューマンの夫人、クララのピアノの弟子だった一人の英国人女性が、ブラームスの回想録を書いているが、ブラームスは政治に強い関心を寄せていて、ウィーンに何年も住み、そこの人々に愛着があったはずのブラームスは、実は熱烈なドイツ愛国主義者であることが、話の端々にはっきりとあらわれていたと書いている。

ブラームスの評伝として代表的な、カール・ガイリンガーの『ブラームス 生涯と芸術』（山根銀二訳）の中には、普仏戦争に触れて「彼は、戦争の一切の出来事に興味を以て追ったが、ドイツの勝利に対する愛国者の喜びは、堂々たる『勝利の歌』の中に直接的に表現された。この作曲はドイツ皇帝に献呈された。しかしブラームスは実際はそれを、一八七〇年から一八七一年の事件（普仏戦争）の後に、彼がその同時代人の誰に対してよりも尊敬の念を抱いていたビスマルク公のために書いたのであった。ブラームスの部屋には月桂冠を戴いたビスマルクの肖像が掲げられていた。」と書かれている。

ブラームスと言えば、「秋の作曲家」などと呼ばれることもあり、渋い音楽をイメージすることも多いが、最初の交響曲である第一番には、「愛国者」ブラームスの一面が強く出ていて、この曲に私が惹かれるのは、そういうところにも理由があるのかもしれない。

いずれにせよ、明治という偉大な時代に「頌歌」を捧げるにあたって、ブラームスというドイツ帝国に対する「愛国者」であり、ビスマルクに対する崇拝者であった作曲家の交響曲第一番に範を取ることは、相応しいことのように思う。「忍耐、意志、勇気」こそまた、明治人の徳だからである。

また、ブラームスが変奏曲の大家であったことに思いを致すならば、『ハイドンの主題による変奏曲』も絶えず思い浮かべながら、書いていきたいと思う。この変奏という方法も使って、明治頌歌を作ってみたい。いろいろな作品からの引用が多くなると思うが、それは単なる引用ではない。変奏としての引用をしているのである。

この『明治頌歌』の原稿を書いているとき、いつもブラームスの交響曲第一番と『ハイドンの主題による変奏曲』がカップリングされた、フルトヴェングラー指揮・ベルリン・フィルの演奏のCDをかけていた。考えが詰まって書くのが止まってしまったとき、ブラームスの音がそれを突き破ってくれたことも度々あったのであった。

歴史とは、回想である。あれこれの歴史的事実について説明したり、解釈したりすることではない。私は、明治という時代を回想したいのである。回想としての歴史は、究極的には精神史である。そして、精神史は、また究極的には、音楽である。かつて英国の批評家、ウォルター・ペーターは、すべての芸術は音楽の状態に憧れると書いたが、精神史は、音楽の状態に憧れるのである。この『明治頌歌』は、言葉による交響曲を目論んでいて、それは回想としての精神史は音楽の状態に憧れるからである。願わくば、四楽章にわたる言葉の連なりの中から、明治という時代に対する頌歌の響きが、聴こえて来たらんことを。

目次

明治頌歌——言葉による交響曲

第三楽章　日露戦争

第四楽章　明治の栄光

カバーデザイン　古村奈々＋Zapping Studio

第一楽章　正気の発現

序奏　「もと是れ神州清潔の民」

明治という時代が偉大なのは、「明治の精神」が偉大であったからである。明治という時代は、たしかに文明開化の時代であるが、その近代文明の発展が偉大であったというわけではない。明治という時代と明治人を貫いていた「明治の精神」が偉大だったのである。

しかし、この「明治の精神」は、明治時代になって出現したとはいえ、この高貴なる精神の淵源は、幕末維新期にある。この根本の形成は、幕末維新期という、いわば坩堝《るつぼ》のような過酷な時代状況のただ中に行われたのである。

嘉永六年（一八五三）の黒船来航から明治維新までの十五年間は、ユダヤ人に『旧約聖書』の「出エジプト記」などに書かれているような「荒野の四十年」があったように、日本人にとって「荒野の十五年」であった。この「荒野」で、日本人の精神は鍛えられたのである。そして、それが「明治の精神」として開花したのであった。そこで鍛えられた精神の根底にある精神は、「清潔」というライト・モチーフであった。このライト・モチーフが「明治の精神」の根底に流れていて、果実は様々であるが、常に響き渡っているのである。

保田與重郎が、昭和十八年（一九四三）に上梓した著作に『南山踏雲録』がある。文久三年（一八六三）八月、尊攘派の草莽たちによる天忠組が大和に挙兵した。この義挙に参加した国学者・歌人の伴林光平が、挙兵から一ヶ月余の敗走の戦況の記録を書き残したのが『南山踏雲録』であり、光平を「近世第一の歌人」として敬愛した保田は、これに詳細な評注を付したのである。「自序」に、「近世文学世界の無比の絶品として、久しく愛誦し、その度に流涕慟哭するをつねとした『南山踏雲録』」と書いている。

この伴林光平の漢詩に、次のようなものがある。

本是神州清潔民　　もと是れ神州清潔の民
誤為仏奴説同塵　　誤って仏奴となり同塵を説く
如今棄仏仏休咎　　如今仏を棄つ、仏咎むるを休めよ
本是神州清潔民　　もと是れ神州清潔の民

この「もと是れ神州清潔の民」というリフレインは、「神州」の「民」の根本に「清潔」があることを強調している。これが、幕末の志士たちの精神のライト・モチー

フであった。この天忠組であれ、天狗党であれ、その他日本人の心を深く打つことが実に幕末維新期の歴史に多いが、それは、彼らの言動の根底にこの「清潔」を重んじる精神が共通してあったからである。まず、精神が「清潔」でなければならない。勤王派か佐幕派かに関係なく、なにを措いても、まず精神が「清潔」であることが人間の価値の根本であった。それは、「誠」となって現われ、「正気」につながるものであり、また「義」として立つものなのであった。

第一主題　正気の歌

保田與重郎の『戴冠詩人の御一人者』は、昭和十三年（一九三八）九月に刊行され、第二回透谷文学賞を受けたもので、『日本の橋』『英雄と詩人』に続く三冊目の著作である。

その巻末に置かれた「明治の精神」は、「二人の世界人」として岡倉天心と内村鑑三をとりあげている傑作であるが、その中に、次のように書かれている。

内村鑑三のかいた文章は天心の幾倍かに及んでゐる。しかもこの最も美事だつた明治の精神界の戦士の文章は、その強烈な破壊力の中に人柄のあた、かさを示して、目にさへあざやかである。生涯同じ一貫したものをかき残した偉人であつた。巨弾を連発するやうな、この大規模の文章は、すべて短章であつたけれども、明治大正を通じて描かれた新しい文章としては、後の武者小路実篤が僅かに匹敵するのである。だが、この巨砲からくり出されたやうな文章を描いた人は、すきや作りのキリスト教を発案したのである。すきやとは、数寄屋である。天心が欧米人のためにかいた名著「茶の本」の中で日本の精神の美事さの象徴として論じてゐる数寄屋が、なぜか鑑三の無教会主義の基督教を思ふときに僕に思ひ起されるのである。

内村鑑三の本質の「美事」な深い把握である。この「明治の精神」が発表されたのが、昭和十二年（一九三七）、保田與重郎がまだ二十七歳であったことを思うとき、保田の早熟に改めて驚嘆するのであるが、鑑三の日本の精神史的意味について次のように決定的に重要なことを書いている。

内村鑑三の明治の偉観ともいふべき戦闘精神も、日本に沈積された正気の発した一つである。純粋に主義の人、しかもその「日本主義」は「世界のために」と云はれた日本である。彼はそのために所謂不敬事件をなし、日露戦役に非戦論を唱へ、排日法案に激憤した。アメリカ主義を排し、教会制度に攻撃の声を放ちつゞけた。彼の破壊力の強大さは、つねに破壊と建設が採算をとれてゐるところにあるのではなく、破壊が創造と合致したアイロニーを体現してゐたのである。単純なその文章の形式さへ外形さへかういふ事情を示してゐるのである。さういふところにかれの日本主義の真意があつた。それは奇妙にも天心にイロニーとして体現させてゐた保守と進歩の事情に合つてゐた。しかも彼らはイロニーを考へて行為し表現したものではなかつた。進歩と反進歩を考へて行つたのではなかつた。彼らの出現にはつねに詩人と英雄とが、彼らの本性としたところの、颯爽たる英風が自づと匂ひ出たのである。その意味でも彼らは日本の明治芸文を海外に代表したことを後世の僕らが感謝すべき世界人の一人づゝであつた。伊藤公爵のやうに、乃木大将のやうに、東郷元帥のやうに、そして黒木大将のやうに、彼らは三十年代の最高潮の日本の世界的時期を舞台として颯爽と日本の精神史を彩つたのである。

日本には、「正気」が「沈積」されているのだと言っているのである。その「正気」が内村鑑三という人間を通して「発した」というのである。「正気の発現」である。ここにある「正気」は、「しょうき」ではなく「せいき」である。今日では、多くの日本人が「しょうき」と訓むことと推測されるが、幕末維新期の頃には「せいき」と訓む方が自然であったのではないかと思われる。正気とは、辞書によれば「大地の間にあると考えられる、おおらかで正しい、公明な気力。また、人間の正しい意気・気風」のことであって、正気《しょうき》が個人の精神状態を指しているのとは、大分意味が違う。個人の次元を超えて、もっと普遍的なものに関係したことなのである。言い方をかえるならば、正気《しょうき》は個人の内部の問題であるが、正気《せいき》は個人の外部の問題なのである。そして、「人間の正しい意気・気風。」という意味に転じていくにしても、それはあくまでも外部の正気《せいき》との「正」しい関係における個人の内部のことなのである。

このような「正気」の発現として、岡倉天心、内村鑑三が出現したのである。それは、「伊藤公爵」も「乃木大将」も「東郷元帥」も「黒木大将」も同じである。明治の「詩人」と「英雄」は、単に個人として天才であったということではないのであって、日本に「沈積」されていた「正気」が、明治時代という、日本の長い歴史からみても「最高潮の日本の世界的時期」に彼らの姿となって、発現したということなのである。だから、「颯爽」としているのである。単なる個人の天才の姿には、このような「颯爽たる英風が自づと匂ひ出」ることはない。

徳富蘇峰は昭和二十八年、九十歳のとき「内村さんのような人が明治に産出したことは明治の光だと思う。」と語った。「正気」の発現として活躍した人々は、皆「明治の光」と言えるであろう。

実は、内村鑑三の文章の中にも、この正気が出てくるものがある。実質的な処女作『基督信徒の慰』の中の「第五章　貧に迫りし時」において、「古代の英雄にして智に於ても徳に於ても遥かに汝に勝りしものが汝の貧に勝る貧苦を受けし事を思へ」と言って、「保羅《パウロ》」「ソクラテス」「蘇軾《そしょく》」などの例を引いているが、その他に「藤田東湖」に言及して、「『之を文天祥の土窖に比すれば我が舎は即ち玉堂金屋なり、塵垢の爪に盈《み》つる蟻虱の膚を侵すも未だ我正気に敵するに足らず』と勇みつゝ、幽蘆の中に沈吟せし藤田東湖を思へ」と書いている。

藤田東湖は周知の通り、水戸学の代表者であり、『回天詩史』『常陸帯』『弘道館記述義』がいわゆる東湖三名著とされるもので、これらは幕末維新期の志士たちに愛読されたものであった。ここで、鑑三が引用している文章は『回天詩史』の中にあるもので、維新のとき、七歳であった鑑三も、やはり青年時に読んでいたのであろう。水戸学が、明治維新に際して果たした役割の大きさは、恐らく後世の想像を越えたものがあったと思われるが、この東湖三名著や同じく水戸学の代表者の一人会沢正志斎の主著『新論』（これは志士間で愛読されたといった程度のものではなく、これに通じないものは肩身が狭かったほどであったと言われている）などの中に、この正気という言葉がほとんどキイ・ノートのように響いているのである。

また、東湖は幼時、父幽谷から、鑑三が引用していた東湖の文章にも出て来た文天祥（南宋の忠臣、一二三六～一二八二年）が元軍に捕えられ、幽囚中に作った有名な「正気歌」を教えられ、暗誦して忘れなかったと言われている。そして、自らが閉門中の弘化二年（一八四五）十一月、天祥に和して「正気歌」を作ったのであった。これは、当時志士たちの間に広く知られ、特に吉田松陰門下には愛誦する者が多かったと伝えられている。

天地正大気　　天地正大の気
粋然鍾神州　　粋然として神州に鍾《あつ》まる
秀為不二嶽　　秀でては不二の嶽となり

巍巍聳千秋
注為大瀛水
洋洋環八洲
発為万朶桜
衆芳難与
凝為百錬鉄
鋭利可断鍪
藎臣皆熊
武夫尽好仇

神州孰君臨
万古仰天皇
皇風洽六合
明徳侔太陽
不世無汚隆
正気時放光

巍々として千秋に聳ゆ
注いでは大瀛《だいえい》の水となり
洋々八洲を環る
発しては万朶《ばんだ》の桜となり
衆芳与に儔《たぐ》い難し
凝つては百錬の鉄となり
鋭利鍪《かぶと》を断つべし
藎臣《じんしん》は皆熊羆にして
武夫尽く好仇なり

神州孰《たれ》か君臨す
万古天皇を仰ぐ
皇風六合に洽《あまね》く
明徳太陽に侔《ひと》し
世として汚隆無くんばあらざるも
正気時に光を放つ

明治という時代は、「正気」が「光」を「放」った「時」であった。日本の長い歴史には、残念ながら「汚」の時代もあった。しかし、「正気」が「放光」して「隆」の時代が出現したのである。戦後七十余年という敗戦後の時代は、まさに「汚」の時代であったと言っていいであろう。経済的な繁栄に目が眩んではならない。日本人の精神の観点から言えば「汚」の時代であり、それは日本の政治的な自立の問題ともつながっている。明治という時代を回想することの意義は、明治という時代がこの「正気」が「放光」した時代だからに他ならない。そろそろ戦後の長き眠りから日本人も覚醒しつつあるような気がするが、それにあたって、「正気」の発現が、実に様々な「詩人」と「英雄」によって具現されたこの明治という偉大な時代を回顧することは、まずは必須のことと言っていいと思われる。

第二主題　非凡なる凡人

司馬遼太郎の『坂の上の雲』は、冒頭の章「春や昔」の書き出しが有名である。「まことに小さな国が、開化期をむかえようとしている。」

そして、第二章「真之」のはじめに、次のように書かれている。

余談ながら、私は日露戦争というものをこの物語のある時期から書こうとしている。

小さな。

といえば、明治初年の日本ほど小さな国はなかったであろう。産業といえば農業しかなく、人材といえば三百年の読書階級であった旧士族しかなかった。この小さな、世界の片田舎のような国が、はじめてヨーロッパ文明と血みどろの対決をしたのが、日露戦争である。

その対決に、辛うじて勝った。その勝った収穫を後世の日本人は食いちらかしたことになるが、とにかくこの当時の日本人たちは精一杯の智恵と勇気と、そして幸運をすかさずつかんで操作する外交能力のかぎりをつくしてそこまで漕ぎつけた。いまからおもえば、ひやりとするほどの奇蹟といっていい。

その奇蹟の演出者たちは、数え方によっては数百万もおり、しぼれば数万人もいるであろう。しかし小説である以上、その代表者をえらばねばならない。

その代表者を、顕官のなかからはえらばなかった。

一組の兄弟をえらんだ。

言うまでもなく、この「一組の兄弟」が、秋山好古、真之の兄弟である。ここで、司馬が「ひやりとするほどの奇蹟」と言っているのは、私がこの言葉による交響曲「明治頌歌」を歌うにあたって、緊張感を失わないために、いつも思い出している感覚である。明治の偉大さは、この「ひやりとするほどの奇蹟」に支えられていたのである。その故に、この偉大さは、「清潔」であったのである。明治の偉大さは、ローマの偉大さのようなものには決してならなかった。ローマのような尊大さも腐敗も知らなかった。明治は、「辛うじて」偉大であったのである。

そして、「その奇蹟の演出者は」、「数百万も」いるというのが、私の「数え方」である。

その「数百万」の日本人は、「非凡なる凡人」とも言うべき人々だった。明治の偉大さは、数多くの「英雄」と「詩人」によって支えられていたばかりではない。「数百万」の「非凡なる凡人」によって支えられていた。これが、明治の偉大さの「清潔さ」のよってくる源泉である。

この「非凡なる凡人」という言葉は、国木田独歩の名作「非凡なる凡人」からとっている。

「明治の精神」を岡倉天心や内村鑑三とは、少し違った意味で代表する詩人が国木田独歩である。独歩は、普通文学史的には、北村透谷などの明治二十年代の浪漫主義と日露戦争後の明治四十年代以降に文壇の主流になる自然主義文学の間をつなぐ存在とされているが、私は国木田独歩がとても好きである。私が最初に書いた作家論は、二十二歳のときの北村透谷論であったが、次に書いたのは翌年の『『独歩全集』への跋文』というものであった。

独歩の作品では、「武蔵野」「忘れえぬ人々」「牛肉と馬鈴薯」「空知川の岸辺」などが有名だが、独歩が「明治の精神」を代表する一人とみなされるのは、特に「非凡なる凡人」という作品によってであろう。「非凡なる凡人」は、明治三十六年(一九〇三)に発表された短編である。保田與重郎の言う「三十年代の最高潮の日本」に生まれた文学と言えるであろう。

この小説は、「五六人の年若い者が集って互いに友の上を噂し合ったことがある、その時、一人が」語った、桂正作という人物が主人公である。

僕の小供の時からの友に桂正作という男がある、今年で二十四歳で今は横浜の或会社に技手として雇われて専ら電気事業に従事しているが、先ずこの男ほど類の異った人物はあるまいかと思われる。

非凡人ではない。けれども凡人でもない。さりとて偏物でもなく、奇人でもない。非凡なる凡人というが最も適評かと僕は思っている。

僕は知れば知るほどこの男に感心せざるを得ないのである。感心すると言った処で、秀吉とか、ナポレオンとかその他の天才に感心するのとは異《ちが》うので、この種の人物は千百歳に一人も出るか出ないかであるが、桂正作の如きは平凡なる社会が常に産出し得る人物である、また平凡なる社会が常に要求する人物である。であるから桂のような人物が一人殖えればそれだけ社会が幸福なのである。僕の桂に感心するのはこの意味においてである。また僕が桂をば非凡なる凡人と評するのもこの故である。

この桂少年の愛読書が、『西国立志編』であった。『西国立志編』は、スコットランドの思想家、サミュエル・スマイルズの『Self-Help』（自助論）を、中村正直が明治四年に翻訳したものである。福沢諭吉の『学問のすすめ』と並んで、明治初年のベストセラーと言っていい。

ある日、語り手は、桂少年の家に寄った。そのとき、桂少年は、一冊の本を脇目もふらずに読んでいるので、「何を読んでいるのだ」ときくと、『西国立志編』だと答えた。

「面白いかね？」

「ウン、面白い。」

「日本外史と何方《どっち》が面白い。」と僕が問うや、桂は微笑を含んで、漸く我に復り、何時《いつも》の元気の可《よ》い声で「それやアこの方が面白いよ。日本外史とは物が異《ちが》う。昨夜僕は梅田先生の処から借りて来てから読みはじめたけれど面白うて止められない。僕は如何しても一冊買うのだ」と言って嬉しくって堪らない風であった。

その後桂は遂に西国立志編を一冊買い求めたが、その本というは粗末至極な洋綴で、一度読み了らない中に既にバラバラになりそうな代物ゆえ、彼はこれを丈夫な麻糸で綴直した。

この時が僕も桂も数え年の十四歳。桂は一度西国立志編の美味を知って以後は、何度この書を読んだか知れない、殆ど暗誦するほど熟読したらしい、そして今日と雖も常にこれを座右に置いている。

げに桂正作は活《いき》た西国立志編と言ってよかろう、桂自身でもそう言っている。

「若し僕が西国立志編を読まなかったら如何であったろう。僕の今日あるのは全くこの書のお蔭だ。」と。

ここで、語り手が頼山陽の『日本外史』を引き合いに出しているのは、「明治の精神」を考えるにあたっての鋭い観点を与えてくれるよう思われる。「明治の精神」が、「幕末維新の精神」からつながるものを深く持っているということは「序奏」にも書いたところだが、当然だが違いもある。頼山陽の『日本外史』は、幕末維新の志士たちに多く読まれたものであり、彼らが日本の歴史というものを知る重要な書であった。読んで「面白い」ものであり、「日本外史と何方が面白い」という問いが生まれても不思議ではなかった。

この問いに対して、桂少年は、「それやアこの方が面白いよ。日本外史とは物が異う。」と答える。

明治の青年は、西洋の本の翻訳の方が、「面白い」と感じるのである。西洋との出会い、これが「明治の精神」の決定的な経験であり、そこに「幕末維新の精神」からの飛躍、あるいは断絶があった。『日本外史』では、足りなかったのである。

その後、上京して苦学している桂少年の下宿を訪ねた語り手は、その部屋の「汚い畳」「煤けた天井」などを描写した上で、「けれども黒くないものがある。それは書籍。」と書いている。

桂ほど書籍を大切にするものは少ない。彼は如何なる書物でも決して机の上や、座敷の真中に放擲するようなことはしない。こう言うと桂は書籍ばかりを大切にするようなれど必ずしもそうではない。彼は身の周囲のもの総てを大事にする。

見ると机も可なり立派。書籍箱も左《さ》まで黒くない。彼はその必要品を粗略にするほど、東洋豪傑風の美点も悪癖も受けていない。今の流行語で言うと、彼は西国立志編の感化を受けただけに頗《すこぶ》るハイカラ的である。今にして思う、僕はハイカラの精神が我が桂正作を支配したことを皇天に感謝する。

幕末維新の志士たちには、「東洋豪傑風の美点も悪癖も」持っている者が多かった。それに対して、『西国立志編』という西洋の影響を受けた明治の青年、桂少年は、「ハイカラの精神」の持ち主だったのである。

「明治の精神」の典型的存在であった内村鑑三は、『代表的日本人』で、西郷隆盛、上杉鷹山、二宮尊徳、中江藤樹、日蓮上人の五人をとりあげたが、そのドイツ語訳に寄せた跋文で、これは現在、基督者である自分の接木せられている台木であると書いた。この接木と台木の譬えこそ、「明治の精神」の核心を衝いている。この台木は、単に歴史的教養を指しているのではない。人格的なものにまで形成されたものである。そして、それを回想し、自覚している精神である。

そして、「明治の精神」とは、この台木に西洋の文化が接木されて生まれたものなのである。内村の場合は、言うまでもなく、「基督教」が接木されたのであり、福沢諭吉の場合は、「文明」が、岡倉天心の場合は「西洋の美術」が、中江兆民の場合は「ルソー」が、夏目漱石の場合は「英文学」が、森鷗外の場合は「ドイツ文学」が、といった具合にそれぞれの台木の個性と宿命に応じて、様々なものを接木したのである。

さて、苦学の末に、桂青年は、「電気部の技手として横浜の会社に給料十二円で雇われた。」

五年後のある日、桂青年を会社に訪ねたとき、語り手は、感動的な場面に出会う。

桂の仕事を為ている場所に行って見ると、僕は電気の事を詳しくは知らないから十分の説明は出来ないが、、一本の太い鉄柱を擁して数人の人が立っていて、正作は一人その鉄柱の周囲を幾度となく回って熱心に何事か為ている。最早電燈が点《つい》て白昼の如くこの一群の人を照している。人々は黙して正作の為る処を見ている。器械に狂いの生じたのを正作が見分し、修繕しているのらしい。

桂の顔、様子！　彼は無人の地にいて、我を忘れ世界を忘れ、身も魂も、今その為しつゝある仕事に打ち込んでいる。僕は桂の容貌、かくまでに真面目なるを見たことがない。見ている中に、僕は一種の荘厳に打たれた。

この「非凡なる凡人」は、見る者に「一種の荘厳」を感じさせるものを持っていた。また、このような「非凡なる凡人」の働く姿に「一種の荘厳」を感じとる感受性を、明治の日本人は持っていたのである。「凡人」でいいというような悪しき平等主義でもない。「非凡」に空しく憧れる卑しさでもない。「非凡なる凡人」が、人間の高貴さを持っていることをしっかりと認識するという人間観が、明治にはあった。これが、「数百万」の人々であり、明治という時代と精神を支えていたのである。

この『西国立志編』を愛読した人間として、後藤新平を挙げておこう。後藤は、世間的には「非凡人」であり、「非凡なる凡人」ではないと思われるかもしれないが、実は後藤新平もその精神の根本において、「非凡なる凡人」なのである。

後藤新平は、台湾総督府民政長官、満鉄初代総裁、逓信大臣、内務大臣、外務大臣、東京市第七代市長などを務めた大政治家である。関東大震災後に内務大臣兼帝都復興院総裁として東京の帝都復興計画を立案したことでも知られる。この後藤が、若き日の苦学生の頃、『西国立志編』を愛読していた。『正伝　後藤新平』（全八巻）は、娘婿の鶴見祐輔が執筆したものだが、その第一巻の第一章「修業時代」には、次のように書かれている。

多くの人傑の青年期に見るような苦学力行の時期は、彼の福島と須賀川時代にもっとも良く現われている。ことに彼が当時『西国立志編』（英国のS・スマイルズ著（『自助論』）の訳書）を耽読していたことは、この黽勉（勉強）をさらに鞭打ったにちがいない。ナポレオンが『プルターク英雄伝』に求め、リンカーンが『ワシントン伝』に求めたる刺激と奨励とを、彼は『西国立志編』中に発見したのである。（中略）

かかるがむしゃらなる勉学の間において、彼のもっとも好んで読んだのは

『西国立志編』であった。この書が発行せらるるや、彼はただちに二本を購い、一本を故郷なる弟彦七に贈り、自らもまた、飽くなくこれを耽読した。いかにこの書が、彼の精神生活に影響するところ深かったかは、それより二十幾年の後に誌せる『自叙伝』のうちに、特に、「余暇アレバ好ンデ西国立志編ヲヨム」と記しているによっても明らかである。

後藤の有名な「自治三訣」は、このような経験から生まれているに違いない。「自治三訣」とは、「人のおせわにならぬやう　人の御世話をするやう　そしてむくいもとめぬやう」というものである。現代の日本人の姿勢は、この三つが、すべて逆のようであることを思うとき、この後藤新平の「自治三訣」は見直されるべきであり、この源泉としての『西国立志編』も改めて読まれるべきであろう。

「非凡なる凡人」とは、桂正作のようにこの「自治三訣」の実践者であった。明治という時代は、このような自立した人間の時代であったのである。翻って平成の時代を思うとき、「自治三訣」が逆になった生き方をした「凡人」の時代であり、その平凡さに耐えられなくなった者が、「平凡なる非凡人」として「非凡」さをパフォーマンスしてみせているに過ぎない。

「非凡なる凡人」の例として、星野温泉の三代目星野嘉助を挙げよう。彼が昭和五十七年（一九八二）に死去したとき、十二月二十日の朝日新聞の「天声人語」は、星野嘉助への追悼文であった。

　軽井沢の「野鳥の森」を守り抜いた星野嘉助さんが亡くなった。七十七歳だった。告別式には、共に野鳥を愛した人びと約千六百人が参列、追悼の演奏の合間には、野鳥の鳴き声のテープが流されたという▼星野さんがいなかったら、軽井沢の野鳥の楽園は生まれなかっただろう。戦時中、日本の山ははげ山に化していった。軽井沢一帯の山も坊主にされた▼星野さんはしかし、自分の経営する旅館星野温泉の土地二十七ヘクタールの木を、ついに切らなかった。生息地を失った周囲の鳥のために、緑を残したのである。その一帯がのちに日本初の鳥獣保護区になった▼敗戦後、米軍の将兵がキジを撃ちまくった。それに便乗する日本人もいて、キジが激減した。「禁猟区なのに」と、星野さんはＧＨＱに直訴し、乱獲をやめさせたことがある。浅間山のふもとを米軍の演習地にしようとする計画があったときも、反対運動の先頭に立った▼かつては、与謝野寛・晶子夫妻、若山牧水、内村鑑三といった人たちがここを定宿にした。内村鑑三は、若き日の星野さんに「成功の秘訣十カ条」を書き与えている。▼「人もし全世界を得るとも其霊魂を失はば何の益あらんや。人生の目的は金銭を得るに非ず、品性を完成するにあり」といった調子で、およそ世俗的な「成功」とは縁遠い訓戒だったが、星野さんはこれを家憲とした。そしてその家憲通り、野鳥の保護に生涯をささげた▼「風花の舞ひくる山のしづもりに／みやまほゝじろ木をうつりとぶ」（中西悟堂）。野鳥の会の中西さんもここを訪れては「野鳥讃」の歌を残している。星野さんは常々、自分のやってきたことは中西さんに教えられたことの実行であるといっていた▼一輪の花でも、切ることを戒めた。花が減れば、こん虫が減り、鳥も減る。一輪の花を切ることは自然の微妙なバランスをくずすということを、理屈ではなく、行動で示した人だった。

この星野嘉助という人物も、「非凡なる凡人」と言っていいであろう。「天声人語」の中に内村鑑三の「成功の秘訣」のことがでてくるが、これが星野嘉助という「非凡なる凡人」の家憲であった。内村鑑三の「無教会主義」の基督教も、『西国立志編』と共通した精神性を持っていた。基督教が出てきたので連想するのだが、言ってみれば「非凡なる凡人」とは、「地の塩」とも言えるであろう。明治の時代が、「辛うじて」腐敗の少ない社会を形成できたのは、このような「非凡なる凡人」、あるいは「地の塩」が「数百万」人存在したからに他ならない。

「成功の秘訣」は、次のようなものである。

成功の秘訣

一、自己に頼るべし、他人に頼るべからず。
一、本を固うすべし、然らば事業は自づから発展すべし。
一、急ぐべからず、自働車の如きも成るべく徐行すべし。
一、成功本位の米国主義に倣ふべからず、誠実本位の日本主義に則るべし。
一、濫費は罪悪なりとしるべし。
一、能く天の命に聴いて行ふべし。自ら己が運命を作らんと欲すべからず。
一、雇人は兄弟と思ふべし、客人は家族として扱ふべし。
一、誠実に由りて得たる信用は最大の財産なりと知るべし。
一、清潔、整頓、堅実を主とすべし。
一、人もし全世界を得るとも其霊魂を失はゞ何の益あらんや。人生の目的は金銭を得るに非ず、品性を完成するにあり。

以上

ここで、やはり「清潔」という言葉が出てくることに注意していいであろう。この「清潔」は、物質的な「清潔」に止まるものではないからである。精神の「清潔」から、「堅実」も生まれるのである。また、「以上」というのも、単なる「以上」の意味を超えた重要な含意を持っている。この十カ条が、すべてであるということである。これ以下でもこれ以上でもない。この禁欲もまた、「明治の精神」の特徴である。

こういう、「およそ世俗的な『成功』とは縁遠い」成功の価値を、「若き日」に理解できる青年が、軽井沢をはじめ全国の地方の各地に存在していたのが、明治という時代であった。こういう「成功」こそ、人間にとって最も大切なものだということがわかっていたという意味では、人間が、「高貴」だったということであろう。

「明治の精神」内村鑑三といえば、「進め」という短文が思い出される。「三十年代の最高潮の日本」である明治三十一年（一八九八）のものである。

進め

進め、何処までも進め、前途を危惧せずして進め、仆《たお》るゝも退く勿れ、明日は今日よりも完全なれ、明年は今年よりも更に一層勇壮にして、快闊にして、謙遜にして、独立なれ。進化の宇宙に存在して退くものは死する者なり。安全は退きて求むべき者にあらずして、進みて達すべきものなり。歓喜と満足とは前に有りて後に有らず、臆病者に平和あるなし、進め、何処までも進め。

「明治の精神」の行進曲《マーチ》というべきであろうか。

第三主題　美と義

内村鑑三に「美と義」という文章がある。

○文明人種が要求する者に二つある。其一は美である、他の者は義である。美と義、二者孰《いず》れを択《えら》む乎に由て国民並に其文明の性質が全く異るのである。二者孰れも貴い者であるに相違ない。然し乍ら其内孰れが最も貴い乎、是れ亦大切なる問題であつて、其解答如何によつて人の性格が決まるのである。

○国としてはギリシヤは美を追求する国でありしに対してユダヤは義を慕ふ国であった。其結果としてギリシヤとユダヤとは其文明の基礎を異にした。日本は美を愛する点に於てはギリシヤに似て居るが、其民の内に強く義を愛する者がある故に、其国民性にユダヤ的方面がある。伊太利、仏蘭西、西班牙等南欧諸邦は義よりも美を重んじ、英国、和蘭、スカンダナビヤ諸邦等北欧の諸国は美よりも義に重きを置く。美か義か、ギリシヤかユダヤか、其選択は人生重大の問題である。

「美か義か、ギリシヤかユダヤか」これが、実は「人生重大の問題」なのである。あらゆる問題は、この根本問題に淵源を有する。

そして、「日本は美を愛する点に於てはギリシヤに似て居るが、其民の内に強く義を愛する者があるが故に、其国民性にユダヤ的方面がある。」という指摘は、日本あるいは日本人を考える上で、決定的に重要な点である。大雑把にみれば、「日本は美を愛する」ように見える。例えば、日本美術史の方面で考えてみても、「美」だらけである。いわゆる「日本的美」というものが、特徴としてはっきり表れている。また、「人生の美学」などと、すぐ口走る。よく、雑誌の特集などで、近代日本における、「美しい日本人」を十何人か、取り上げるといったものがあるが、「美しい日本人」であって、「義の日本人」ではない。生き方が「美しい」ということが日本人にとっては大切なので、生き方が「義」であることが最も大事なことではないのである。ここに、日本人の精神におけるクリティカルな問題がある。

しかし、「其民の内に強く義を愛する者がある」のである。日本の歴史には、このような少数派とも言えるし、また仮に「美を愛する」日本人を日本人らしい日本人とすれば、日本人離れしているとも言える人間が、時々、出現する。「正気《せいき》」が「時に」「光を放つ」のである。これが、日本の歴史を一本の背骨のように貫いており、表層的にみれば、骨抜きになった、「美」だらけの日本を、「辛うじて」支えているのである。「ギリシヤに似て居る」が、「其国民性にユダヤ的方面がある」ことが、日本を、ある意味で複雑なものにしており、日本の精神の背骨を見えにくくしているとも言えよう。

この「強く義を愛する者」が、数多く出現した時代が、幕末維新期であり、それに続く明治という時代であった。幕末の志士たちは、まさに「強く義を愛する者」であった。吉田松陰にしても、西郷隆盛にしても、その他の様々な人間たちは、「義」に貫かれていた。この「義」のエートスが、明治維新を可能にしたのである。明治維新が、単なる権力闘争ではなく、日本の歴史における日本人の精神の輝かしい事績を数多く遺している所以は、これに関わった人間たちが、「強く義を愛する者」であったからに他ならない。

「美を愛する」日本人を日本人らしい日本人であると考えるなら、この幕末維新期に輩出した「強く義を愛する者」たちは、ある意味で日本人離れしているとも言えるであろう。

松陰と西郷ということでは、作家の海音寺潮五郎と歴史家の奈良本辰也の対談の中での、前者の興味深い発言を思い出す。海音寺は、大体日本人は「元来が自然環境の温和な土地における農耕民族で、おとなしい」民族であり、政治もなしくずしに変わってきたが、そういう精神風土の中では松陰などは「非常に際立った」異例の存在だという。

「そういう点では松陰という人は、自分では純粋に日本人だと思っているんでしょうけれども、日本人離れしています。(笑) 西郷もまたそうです。維新の志士は皆日本人離れしていますよ。」と語っている。この幕末維新期の志士たちは、実は「日本人離れ」した人たちだったという指摘は、きわめて重要なものである。それは、「明治の精神」にも通じる。内村鑑三に言わせれば、「美」と「義」という二大価値のうち、

「美」を好む大方の日本人の中に、稀に「義」を貫く人間たちが出現したということなのである。

明治維新も、それに続く明治という時代も、ある意味で、「日本人離れ」した日本人が、活躍した時代である。「日本的な、余りに日本的な」日本の方が、「温和」で良かったという日本人たちが、明治維新を否定的に捉えたいのも、「美」を好む日本人の、当然と言えば当然の反動なのである。

明治という時代も、日本人離れした日本人によって形成されたということについては、『坂の上の雲』の「真之」の章の中で、秋山好古が次のように描かれていたことを思い出せばよい。

この点でも、この人物は日本人ばなれした骨相だったといえるであろう。余談だが、かれが日露戦争後、ロシアのコサック騎兵の大集団をやぶったことで世界の兵学界の研究対象になり、多くの外国武官が日本にやってきた。その武官のなかには、

「日本の騎兵がコサックをやぶれるはずがない。おそらく西洋人の顧問がいるのだろう」

とうたがう者があり、かれらが千葉の陸軍騎兵学校にゆくと、はたしてそれを見た。そこにいた秋山好古である。

「やはり、西洋人がいた」

と、かれらはしきりにうなずきあい、好古が日本人であることを容易に信じなかったという。

この「日本人ばなれした」顔については、もう一か所、「海軍兵学校」の章の中で次のように書かれている。

メッケルは、講壇に立った。かれは秋山好古を見たとき、ちょっと驚いた様子をみせ、

「君は、ヨーロッパ人か」

と、ドイツ語できいた。好古はドイツ語がわからず、メッケルを見つめたまだまっていた。通訳が、あわてていった。

「この学生も他の学生と同様、きっすいの日本人です」

これは、「骨相」にとどまるものではなく、秋山好古の精神に関わることであり、秋山好古をはじめとする『坂の上の雲』に登場する明治人たちは、皆「日本人ばなれ」しているのである。これが、明治という時代を、偉大な時代に創り上げた精神的エネルギーの源泉であった。

幕末維新期と明治という時代とのつながりということでは、吉田松陰と国木田独歩の関係が好例となるであろう。明治四年に生まれた独歩は、父が司法省に勤めていた関係で、幼少期を、山口、岩国、萩などで過ごし、長州という土地で明治維新の精神にも親しんだ。二十歳頃には、吉田松陰に私淑し、『幽室文稿』などを書写熟読している。松陰の松下村塾で助教であった富永有隣を訪ね、徳富蘇峰の『国民新聞』に「吉田松陰及び長州先輩に関して」を投稿している。隣村の田布施に、松下村塾に倣って、「波野英学塾」を開き、英語、数学、作文を近郷子弟に教えたりしている。この富永有隣をモデルにして書いたのが、名作『富岡先生』である。

独歩の、二十三歳から二十七歳までの足かけ五年間の日記は、独歩自身によって『欺かざるの記』と命名されている。このタイトルそのものが、松陰的である。この間の二十五歳の年には、吉田松陰の文章を選んで、解説を付した『吉田松陰文』を蘇峰の民友社から上梓している。

日記の中に「シンセリテイ」（誠実）という語が、繰り返してでてくるが、若き独歩の精神を貫いたものは、この「シンセリテイ」であった。これは、松陰などの維新の志士たちの「義」とか「誠《まこと》」に通じるであろう。独歩の台木は、松陰的なものであり、接木は、英国のロマン派の詩人、ワーズワースであった。

だから、「非凡なる凡人」とは、松陰の「草莽」に通ずるものとも言えるのであって、明治という時代は、「草莽」がそれぞれの持ち場で活躍した時代であったのである。

第一の変奏　富岡鉄斎の富士

「美」と「義」ということを、まさに「美」の領域である日本美術史で見てみるならば、富岡鉄斎をとりあげよう。「義」という視点から、富岡鉄斎が本当にわかってくるからである。画家とは、およそ「美」の画家である。しかし、その中に、「義」の画家という異様なる者が、稀に出現する。「時に光を放つ」。鉄斎は、「義」の画家なのである。「美」の画家、言いかえれば普通の画家として、鉄斎を見ている限り、鉄斎の深奥の本質は、決して見えて来ないであろう。

この点を鋭く指摘したのは、他ならぬ保田與重郎である。保田は、その著『日本の美術史』（昭和四十三年）の最後の章を「奉讃鉄斎先生」と題した。冒頭に、「鉄斎先生は近代の大芸術家であるに止まらず、日本の美術史上第一流の偉人である。明治の栄光は、この人一人によつてよく支へられたといつても過言でない。鉄斎先生一人あるによつて、明治の栄光は、どの時代にも劣らないであらう。」と書き、鉄斎を「美」の画家としてしか見ようとしない、当今の通念を、次のように厳しく批判している。最初に、明治と幕末維新のつながりを指摘している。

鉄斎先生は明治の偉人だが、維新の人といふ方がふさはしい。本来の大学者が、たまたま書画の大家になつた。万巻の書を読み千里の道を踏破するといふことは、東洋文人の修業の第一段階、文人の小学校教程とされてきたが、近世それをまことに実行した文人墨客の第一人者は鉄斎先生だつた。自らも学人を以て任じ、自分の絵画は教育の低い人々を教導する方便とされた。日本の美術史上の第一級の絵画、国史三百年にして初めて出現した民族の宝だつたその画を、先生は庶民教育の方便と言ひ放つたのである。鉄斎先生は自分を勤王家でありたいと願はれた。その勤王の志を現して、いくらかでも人を道徳の世界へ導くことが出来るやうにと念じて、その絵を描かれた。古より神仏の偶像をつくつてきた無名仏師の誠心と共通したこの一点の肝腎を除いて、鉄斎先生は世にあり得ないのである。その思想と念願をさけて、鉄斎先生の絵を見ようといふやうな考へ方は、人道に忠でない、又勇気を了解せぬ卑怯者である。さういふ本人の志を無視した考え方を何のためにする必要があるか明らかでないが、さういふ見方では、作品のこころに通ふことわりもなく、胸のいたむ思ひには所詮通じない。まして美の実体や詩の本質にふれて、生死を超える境に入ることなどたうていあり得ない。さういふ美の鑑賞は、ただ気分的な気楽な雰囲気だけの軽薄の感傷主義であらう。

「何のためにする必要があるのか明らかでない」という、控え目な言い方を、この昭和四十三年の著作ではしているが、昭和五十三年に書かれた「鉄斎先生の書」の中では、はっきり「それを云ふことは当節ではまづいのだといふことをよく知つてゐる」からだと、批判している。その「鉄斎先生の書」では、次のような言い方をしているのである。

鉄斎先生は、道徳の信実とその歴史を伝へて大切にされた。この点、今の人は忘れたか失つたのか、鉄斎先生のもつてをられた、東洋風の人倫思想を没却して、つまり先生の全人的表現を考へずに先生の芸術を論じてゐる。それは無いのだ。鉄斎先生は、明治の聖代のごくあたりまへの日本人たるものと、その基盤をひとつにされた巨人だつた。先生の根柢は武家でもないし公家でもない。知識人でもない。日本人の常の人に相通じるものが先生の底であった。

忠孝第一の先生の勤王思想をはづして鉄斎先生を論じてゐる人たちは、そのことを知らないのではなく、それを云ふことは当節ではまづいのだといふことをよく知つてゐる筈である。自分は学問をしてゐるといふことが、先生の自負だつた。画かきでない、学者だと云ふ。鉄斎先生が勤王家であるかどうかは、別にとかく弁ずる必要はない。その書がすぐれてゐるだけが大事なのだ、かういふ論が現代風である。偉大な人の偉大な作品は、その人の全人の表現であるといふ意味がわからなくなつたのだ。徹底した勤王家で東洋文人風の文雅を尊んだ。これが鉄斎先生の基本である。敬神崇親の維新伝統の勤王家といふことを除外すれば、鉄斎先生の書も画も無かつたのである。

ここで、出てくる「明治の聖代のごくあたりまへの日本人たるもの」が、「非凡なる凡人」を形成したと言えるである。明治の「あたりまへの日本人」が、「非凡なる凡人」であったのだ。明治という時代が、「聖代」である所以である。

保田が、「かういふ論が現代風である」といって批判している鉄斎論には、小林秀雄のものも入っているであろう。小林の鉄斎論は、まさに「美」の観点からの批評としてはほとんど完璧と言えるにしても、「義」の視点は、欠如していると言わざるを得ない。「現代風」の「かういふ論」にやはり近づいてしまっている。例えば、「鉄斎Ⅱ」の中で、次のように書く。

絵かきとして名声を得た後も、鉄斎は、自分は儒者だ、絵かきではない、と始終言つてゐたさうだが、そんな言葉では、一体何が言ひたかつたのやら解らない。絵かきでないといくら言つても、本当に言ひたかつた事は絵にしか現れなかつた人なのだから、絵の方を見た方がはつきりするのである。

鉄斎は、まず讃を読んでくれ、と言っていたそうだが、「現代風」は「絵の方を見」るのである。それは、身も蓋もない言い方をすれば、大体小林秀雄の世代あたりから、漢文の白文を読めなくなったという事情があるのではないか。讃を読もうにも読めないのである。

中村光夫の『明治・大正・昭和』の中に、次のようなことが書かれている。

芥川龍之介が高等学校のとき、教室で先生の眼をぬすんで読んでいた本をとりあげてみると、中国の小説であったという挿話を、彼の歿後にその先生自身が語っていたことがあります。

云うまでもなく、彼は翻訳で読んでいたのではありません。中国のいわゆる小説本は普通の漢文の知識では読めないむずかしいものと聞いていますが、それを教室でかくし読みする芥川は漢文の本などは、寝ながらでも読めた筈です。

田山花袋のように生活からじかに文学をつくりだしたような印象を与えている作家も、実に漢詩と和歌に深い素養を持ち、彼の文学観の根本はそれらによってつくられていることが、このごろ次第に人々の注目をひくようになりました。

当時の人々にとって、漢文が読めたり書けたりすることぐらい、いわば当り前のことで、自慢したり意識したりするまでもないことでした。大切なのは、その上に英語を勉強して西洋のさまざまな事物をとり入れたことで、漢文はあまりやりすぎると頭がかたくなって、西洋風のものが理解できなくなるように思われていました。

こういう持主自身によって、価値を認められず、しかも彼の血肉になっている深味のある世界は、いまから考えてみれば、真の意味の教養でした。

この芥川の教養は、特別としても、大正時代を代表する白樺派以降は、このような漢文の素養は薄れていく。

ここに、近代日本のおける、深い意味での教養の断絶があり、例えば「勤王思想」の継承なども、言葉の上からいっても容易なことではない。

たしかに、白樺派以降の世代であった小林秀雄の言うように、絵に現れた範囲での鉄斎の思想というものが、真の鉄斎の思想と言えるものであるとする「美の鑑賞」もありえる訳であるが、保田の言うように「維新伝統の勤王家といふことを除外すれば、鉄斎先生の書も画も無かつた」ことの方が大事なことである。

小林秀雄の批評が、最終的に「美」の批評であり、「義」の批評の究極にまで達しなかったことに、その鉄斎論が、「現代風」の「かういふ論」の弊を逃れられなかった真因があるであろう。「美か義か、ギリシヤかユダヤか、其選択は人生重大の問題」において、「美」を選んだということである。小林秀雄の「モオツァルト」は傑作だが、ドストエフスキー論が未完に終わったのも、「美」の批評家であったからである。モーツァルトは、「美」で論じられるが、ドストエフスキーは、「義」の視点がなければ批評できないからである。

富岡鉄斎の絵も、「日本に沈積された正気の発した一つ」と言っていいであろう。「美か義か」の選択において、「義」を選んだ人であり、鉄斎の日本の美術史における孤高さも、結局ここに由来している。「美」だらけの、「美」を選んだ画家たちだらけの日本美術史において、鉄斎は、「義」を選んだからである。例えば、鉄斎の描く富士は、たしかに「正気」が「巍巍として千秋に聳ゆ」るもので、葛飾北斎の富士とは決定的に違うのである。北斎の富士は、やはり「美」の中にあり、この方が日本人の好みにかなうものであり、人気も高いが、鉄斎の富士は、孤高である。

「日本は美を愛する点に於てはギリシヤに似て居る」ために、「正気」は「沈積」していることが多いが、「其民の内に強く義を愛する者があるが故に」、「正気」が、時折、発現する。日本の歴史において、伏流水のように「正気」は存在する。そして、「正気」に覚醒し、「強く義を愛する者」が、途切れることなく出現すること、これが、日本の歴史の希望である。明治という時代は、「強く義を愛する者」によって作られ、「明治聖代のごくあたりまへの日本人」までが「非凡なる凡人」として、生きることができた時代であった。それ故に、明治は偉大であったのである。

第二楽章

明治の詩情

第一主題　北方の抒情――国木田独歩の『空知川の岸辺』

偉大な時代は、詩においても偉大である。明治という偉大な時代も、偉大な詩を多く生んだ。北村透谷、島崎藤村、土井晩翠、石川啄木などである。その他にも挙げられるが、最も偉大であるか、ではなく、最も明治らしいという意味では、国木田独歩がその詩情において代表されるであろう。「非凡なる凡人」という明治らしい人間典型を造型した独歩は、やはり詩情においても、最も明治らしい詩人であった。その代表作として、「空知川の岸辺」をとりあげようと思う。

この作品は、明治二十八年九月、独歩二十四歳のとき、有島武郎の『或る女』のモデルとして有名な佐々城信子との恋愛の最中、独立自由の新天地を開拓建設しようとして北海道に土地選定に行ったときのことを書いたものである。

冒頭に次のように書かれている。

　余が札幌に滞在したのは五日間である、僅《わずか》に五日間ではあるが余はこの間に北海道を愛するの情を幾倍したのである。
　我国本土の中《うち》でも中国の如き、人口稠密の地に成長して山をも野をも人間の力で平げ尽したる光景を見慣れたる余にありては、東北の原野すら既に我自然に帰依したるの情を動かしたるに、北海道を見るに及びて、如何で心躍らざらん、札幌は北海道の東京でありながら、満目の光景は殆《ほとん》ど余を魔し去ったのである。

ここには、明治という時代において、北海道という土地が如何なる意味を持っていたかが、端的に表れている。独歩は、第一楽章にも書いたように、山口という「中国の如き、人口稠密の地に成長し」たのである。江戸時代というのは、たしかにそれなりに十分に豊かな文化を持っていた。豊かなばかりではなく、ある意味で高い文化であったとも言えるであろう。しかし、その文化は、言ってみれば「人口稠密」な文化であった。「人間の力」が覆った文化であった。「人間」で飽和していた。そこには、「原野」的な「自然」が欠けていた。

そのとき、明治になって、北海道という「自然」の風が、「人間」の文化の、いわば人いきれを吹き去ったのである。日本文化における、「辺境」フロンティアとしての役割をはたしたのである。それは、例えば「明治の精神」を考える場合の、札幌農学校の存在の重要さを考えればわかるであろう。内村鑑三も、新渡戸稲造も、そこから出てきたのである。

北海道にも、やはり「非凡なる凡人」的な人物がいて、独歩によって印象深く描かれている。歌志内の宿屋に泊まった「余」は、その主人の親切な応対に感謝したあと、次のように書いている。

主人は何処までも快活な男で、放胆で、しかも眼中人なきの様子がある。彼の親切、見ず知らずの余にまで惜気もなく投げ出す親切は、彼の人物の自然であるらしい。世界を家となし到る処にその故郷を見出す程の人は、到る処の山川、接するところの人が則ち朋友である。であるから人の困厄を見れば、その人が何人であろうと、憎悪するの因縁さえ無くば、則ち同情を表する十年の交友と一般なのである。余は主人の口よりその略伝を聞くに及んでかの人物の余の推測に近きを知った。

彼はその生れ故郷に於て相当の財産を持っていたところが、彼の弟二人は彼の相続したる財産を羨むこと甚だしく、遂には骨肉の争まで起る程に及んだ。然るに彼の父たる七十の老翁もまた少弟二人を愛して、ややもすれば兄に迫ってその財産を分配せしめようとする。もしこれ三等分すれば、三人とも一家を立つることが出来ないのである。

「だから私は考えたのです、これっぱかしの物を兄弟して争うなんて余り量見が小さい。宜《よろ》しいお前達に与って了《しま》う。ただ五分の一だけくれろ、乃公《わし》はそれを以て北海道に飛ぶからって。其処で小僧が九の時でした、親子三人でポイと此方にやって来たのです。イヤ人間というものは何処にでも住まば住まれるものですよハッハッハッハッ」と笑って「ところが妙でしょう、弟の奴等、今では私が分配《わけ》てやった物を大概無くしてしまって、それでいて矢張り小ぽけな村をこの上ない土地のように思って私が何度も北海道へ来てみろと手紙ですすめても出て来得ないんでさ」

　余はこの男の為すところを見、その語るところを聞いて、大に得るところがあったのである。よしやこの一小旅店の主人は、余の思うところの人物と同一でないにせよ、よしや余の思うところの人物は、この主人より推して更に余自身の空想を加えて以て化成したる者にせよ、彼はよく自由によく独立に、社会に住んで社会に圧せられず、無窮の天地に介立して安んずるところあり、海をも山をも原野をも将《は》た市街をも、我物顔に横行闊歩して少しも屈託せず、天涯地角《てんがいちかく》到るところに花の香しきを嗅ぎ人情の温かきに住む、げに男はすべからくこの如くして男というべきではあるまいか。

この「一小旅店の主人」も、明治における「非凡なる凡人」の一人と言えるであろう。札幌の郊外にある「野幌森林公園」にある「北海道開拓の村」に行ったときのことを思い出す。郵便局、駅長官舎、旅館、写真館などの建物を見ていると、そこには、この「主人」のような「げに男はすべからくこの如くして男というべきではあるまいか」というような「男」が生活していたに違いないと感じられたことであった。これらの建物には、北方の風雪に鍛えられた独特の風情が感じられる。「開拓」という精神が、本土の文化とは違った、詩情を生み出したのである。アメリカの西部開拓の精神と通じるものがあった。マサチューセッツ農科大学の学長、クラーク博士の「Boys, be ambitious!（少年よ、大志を抱け）」の精神を受け入れる精神的土壌が、北海道にはあったのである。

この「主人」が「山道で岐路《えだ》が多いから矢張り案内が入るでしょう、宅の倅《せがれ》を連れて行《いら》っしゃい。十四の小僧ですが、空知太までなら存じています。案内位出来ましょうよ」といってくれたので、次の日に、この「倅」と「余」は出発した。

宿の子のまめまめしきが先に立ちて、明くれば九月二十六日朝の九時、愈々《いよいよ》空知川の岸へと出発した。

陰晴定めなき天気、薄き日影洩《も》るるかと思えば忽《たちま》ち峰より林より霧起りて峰をも林をも路をも包んでしまう。山道は思いしより楽にて、余は宿の子と様々の物語しつつ身も心も軽く歩ゆんだ。

林は全く黄葉み、蔦紅葉は真紅に染り、霧起る時は霞を隔て花を見るが如く、日光直射する時は露を帯びたる葉毎に幾千万の真珠碧玉を連らねて全山燃るかと思われた。宿の子は空知川沿岸に於ける熊の話を為し、続いて彼が子供心に聞き集めたる熊物語の幾種かを熱心に語った。坂を下りて熊笹の繁る所に来ると彼は一寸《ちょっと》立どまり

「聞えるだろう、川の音が」と耳を傾けた。「ソラ……聞えるだろう、あれが空知川、もう直ぐ其処だ」

「見えそうなものだな」

「どうして見えるものか、森の中に流れているのだ」

この「宿の子のまめまめしき」が、またいい。「非凡なる凡人」の息子は、「まめ

まめし」いのである。この「宿の子」は、また詩人である。独歩とこの子との会話は、実に詩である。この「耳」は、詩人の耳である。詩を書いているのが、詩人という訳ではない。このような自然と「開拓」の生活の中で、真の詩人が生まれるのである。その詩人が、詩を書き残したかどうかは、別問題である。その存在が、詩人なのである。「非凡なる凡人」とは、詩人であるとも言えよう。詩を感じさせるものを持っているところに、その「非凡」さがあるからである。

ここで、空知川は、「音」としか登場しない。その「岸辺」で、独歩は、次のような「北方の詩情」を語っている。ここに、「露国の詩人」としてロシアの文豪、ツルゲーネフが引用されているのも象徴的である。時雨の「音」から、それは始まる。「耳」の詩人であること、これが独歩が、真の浪漫派であったことを示している。

余は時雨の音の淋しさを知っている。然し未だ曾《かつ》て、原始の大森林を忍びやかに過ぎゆく時雨ほど淋しさを感じたことはない。これ実に自然の幽寂なる私語《ささやき》である。深林の底に居て、この音を聞く者、何人か生物を冷笑する自然の無限の威力を感ぜざらん。怒濤、暴風、疾雷、閃雷は自然の虚喝である。彼の威力の最も人に迫るのは、彼の最も静かなる時である。高遠なる蒼天の、何の声もなく唯だ下界を視下す時、曾て人跡を許さざりし深林の奥深き処、一片の木の葉の朽ちて風なきに落つる時、自然は欠伸《あくび》して曰く「ああ我一日も暮れんとす」と、しかして人間の一千年はこの刹那《せつな》に飛びゆくのである。

余は両側の林を覗きつつ行くと、左側で林のやや薄くなっている処を見出した。下草を分けて進み、ふと顧みると、この身は何時しか深林の底に居たのである。とある大木の朽ちて倒れたるに腰をかけた。

林が暗くなったかと思うと、高い枝の上を時雨がサラサラと降って来た。来たかと思うと間もなく止んで森《しん》として林は静まりかえった。

余は暫くジッとして林の奥の暗くなっている処を見ていた。

社会が何処にある、人間の誇り顔に伝唱する「歴史」が何処にある。この場所に於て、この時に於て、人はただ「生存」その者の、自然の一呼吸の中に托されておることを感ずるばかりである。露国の詩人は曾て深林の中に座して、死の影の我に迫まるを覚えたと言ったが、実にそうである。又た曰く「人類の最後の一人がこの地球上より消滅する時、木の葉の一片もその為にそよがざるなり」と。

「怒濤、暴風、疾雷、閃雷は自然の虚喝である。彼の威力の最も人に迫るのは、彼の最も静かなる時である。」というところは、『旧約聖書』の「列王紀略上」の第十九章の十一節から十二節までの箇所につながっているであろう。預言者エリヤについて語られているところである。「ヱホバ言たまひけるは出《いで》てヱホバの前に山の上に立てと茲《ここ》にヱホバ過《すぎ》ゆきたまふにヱホバのまへに当りて大いなる強き風山を裂き岩石を砕きしが風の中にはヱホバ在《いま》さざりき風の後に地震ありしが地震の中にはヱホバ在さざりき　又地震の後に火ありしが火の中にはヱホバ在さざりき火の後に静なる細微《ほそ》き声ありき」。

この「静なる細微き声」が、「幽寂なる私語」となっているのである。

そして、「空知川の岸辺」は、次のように終わる。

余は遂に再び北海道の地を踏まないで今日に到った。たとい一家の事情は余の開墾の目的を中止せしめたにせよ、余は今も尚《な》お空知川の沿岸を思うと、あの冷厳なる自然が、余を引きつけるように感ずるのである。

何故だろう。

それは、「静なる細微き声」を聴いたからである。明治における「北方の抒情」とは、人間の喜怒哀楽を歌っていた本土の文化に対して、そういう人間の文化を超えたものにぶつかったことから湧き上がる抒情であった。独歩にしても、本土に戻って文学作品を作っていくが、この「静なる細微き声」を聴いたことは、滞在が「僅に五日間」であったにせよ、決定的なことであった。この「北方」の経験をした人間たちが、明治の抒情を代表する者たちであることも偶然ではない。

例えば、石川啄木を挙げよう。啄木の短歌の中でも、私は、北海道を放浪しているときの作が好きである。

やはり、ツルゲーネフが出てくるものがある。

みぞれ降る
石狩の野の汽車に読みし
ツルゲーネフの物語かな

空知川も出てくる。

空知川雪に埋れて
鳥も見えず
岸辺の林に人ひとりゐき

この「ひとりゐき」の「人」は、独歩のことを言っているのではあるまいか。「空知川の岸辺」が発表されたのは、明治三十五年の雑誌「青年界」であるが、後に明治三十九年に刊行された、独歩の第三文集『運命』に収録された。啄木は、おそらく読んでいたであろう。

これらの短歌が、「忘れがたき人人」の章に収められた第一歌集『一握の砂』が刊行されたのは、明治四十三年のことである。そういえば、独歩の代表作の一つに「忘れえぬ人々」があった。

私は、青年時に独歩論を書いて以来、ぜひ一度、空知川の岸辺に行きたいと思い続けていた。もう四半世紀も前になるが、行ったことがある。一月下旬のことであった。小雪の舞う寒い日であった。札幌から高速にのり、滝川のインターでおりて、まず歌志内に行った。独歩が、「停車場を出ると、さすがに幾千の鉱夫を養い、幾百の人家の狭き渓《たに》に簇集《ぞくしょう》している場所だけありて」と書いた駅は、廃駅となっていた。古い駅舎の出入口あたりに、独歩が投宿した宿屋を記念した木の柱が立っていた。墨の字で書かれていて、大分薄くなっていたように記憶している。木の柱だったから、今はどうなっているだろうか。

近くの小山が公園になっていて、独歩の詩「山林に自由存す」が彫られた石が置いてあった。その後、空知川に向ったが、独歩苑という小さな公園があった。このあたりが、独歩が「時雨の音」を聞いたところなのであろう。雪が大分積もっていた。「原始の大森林」は開拓され、大きな道路も貫通していた。空知川が蛇行して流れているのが、下の方に見えた。

しかし、私は眼をつむって、川の音を聞いていた。「聴こえるだろう、川の音が」「ソラ……聞えるだろう、あれが空知川、もう直ぐ其処だ」私は、空知川の川音を聞いただけで満足だった。その「私語」で十分足りたのである。

独歩と啄木という二人の詩人が、他ならぬ北海道の地で、その抒情を表現したことを思うとき、明治という時代の詩情の最も時代を代表するものが、北海道という「開拓」の地で、旧来の文化的伝統から遠く離れて、新鮮に清冽に展開された「北方の詩情」であったことがわかってくるであろう。

第一の変奏　石川啄木の「飛行機」

啄木の詩の中で、私が最も「明治」を感じる詩を挙げたいと思う。

飛行機

見よ、今日も、かの蒼空に
飛行機の高く飛べるを。

給仕づとめの少年が
たまに非番の日曜日、
肺病やみの母親とたつた二人の家にゐて、
ひとりせつせとリイダアの独学をする眼の疲れ…

見よ、今日も、かの蒼空に
飛行機の高く飛べるを。

明治四十四年（一九一一）六月二十七日の作である。明治天皇の崩御は、明治四十五年（一九一二）の七月三十日であるから、ほぼ一年前の詩である。この「給仕づとめの少年」は、何故「母親とたつた二人の家にゐ」るのであろうか。おそらく、父親は日露戦争で戦死したのであろう。その生活苦の中で、この「少年」は「給仕づとめ」をしているに違いない。逆境にめげずに、この「少年」は、「たまに非番の日曜日」には、「ひとりせつせとリイダアの独学を」しているのである。刻苦勉励の精神なのである。しかし、やはり「眼」は「疲れ」るのである。

その「明治」の「少年」の「眼」に、啄木を呼びかける、「見よ、今日も、かの蒼空に／飛行機の高く飛べるを」と。

この「蒼空」こそ、「明治」の美しさであり、悲しみであったのではないか。『坂の上の雲』という長篇が、「明治の精神」の大方の表現となっているのは、十分に認めるが、何か「明治の精神」の究極的なものは描かれきれていないようにも思われる。この歴史小説の「あとがき 一」で、司馬遼太郎は、次のように書いている。

　維新後、日露戦争までという三十余年は、文化史的にも精神史のうえからでも、ながい日本歴史のなかでじつに特異である。

これほど楽天的な時代はない。

「明治」という時代を「楽天的な時代」ととらえているのが、まず深さに欠ける所以である。「明治」という時代は、悲劇的な時代なのである。そして、「明治の精神」は、「楽天的」ではない。「明治の精神」は、悲劇的な精神である。司馬が好きで、『坂の上の雲』の主人公の一人にした、正岡子規は確かに、深い意味で「楽天的」な詩人かもしれない。しかし、「明治の詩情」を代表させるべきなのは、正岡子規ではなく、石川啄木であるように思われる。

この小説のタイトルのよって来るところについては、「楽天家たちは、そのような時代人としての体質で、前をのみ見つめながらあるく。のぼってゆく坂の上の青い天にもし一朶の白い雲がかがやいているとすれば、それのみをみつめて坂をのぼってゆくであろう」という有名な一節を書いている。ここでは、「青い天」よりも「一朶の白い雲」が問題になっている。『坂の上の雲』のクリティカルな点がここにある。「一朶の白い雲」が、「明治」の理想のようなものとしたら、それは所詮「雲」に過ぎない。やがて、まさに雲散霧消してしまうであろう。そのような結局は空しいものを、「明治」という時代が目指していたというのは、ある意味で随分な皮肉である。「明治」の理想というものを、そのような究極的でないものでしか象徴させなかったことに、この小説の物足りなさがあるであろう。しかし、このようなところが、戦後的な雰囲気には合っていたわけであり、逆に例えば乃木大将の精神の悲劇は描ききられなかったのである。

一方、啄木の「かの蒼空」には、究極的なものを求める激しさがある。「かの蒼空」とあり、単なる「蒼空」ではない。「かの蒼空」なのである。ここに、「明治」の理想の美しさがあり、「明治の精神」の悲劇性があるのである。かつて、中野重治が「明治の詩人」の中で「私の胸に特にしばしば往来する一系列の詩人がある。」と言って、北村透谷、長谷川二葉亭、国木田独歩、石川啄木を挙げていたのを思い出す。

この啄木の詩「飛行機」に出て来る「給仕づとめの少年」で連想されるのは、作家の島木健作であろう。この「給仕づとめの少年」は、大正、昭和をいかに生きたであろうか。

第二の変奏　島木健作の『赤蛙』

島木健作は、札幌市に、明治三十六年に生まれた。北方の精神の強く現われた人である。啄木が「飛行機」を書いた明治四十四年には、八歳である。島木健作の父は、二歳のときに、満洲の大連で病死している。父は、北海道庁の官吏であって、軍人ではないが、日露戦争勃発と同時に、官命で出張中に死んだのである。間もなく一家離散して、十四歳のときに、北海道拓殖銀行の給仕になった。

夜学校に通うなど、苦学して、やがて左翼運動のかどで検挙される。控訴審の公判廷で「転向」の声明を出した。やがて、獄中の経験を書いた『癩』で作家として世に出る。

昭和十二年には、長篇小説『生活の探求』がベストセラーになった。この小説は、戦後も昭和四十年代くらいまでは、「真面目な」青年たちによく読まれたものであった。島木は、昭和二十年八月十七日、敗戦の二日後に、四十二歳で肺病のため死んだ。死の前の年、昭和十九年に、「黒猫」「赤蛙」「むかで」「ジガ蜂」という小動物を題材にした名作を書いた。

私が、島木健作について一冊の本を書き下ろしで上梓したのは、平成二年のことであった。『島木健作――義に飢ゑ渇く者』である。島木健作という、戦後思潮の中で、「転向」作家として不当に遇されてきた作家の復権を目指したものであった。島木は、何よりも「義に飢ゑ渇く者」なのである。三島由紀夫は、その優れた島木論の中で、

「島木及び、当時の日本のもっとも強烈なマルキストの誠実」について、「そこでは、肉体と思想との相克のドラマが極限まで追いつめられて、そこで人間精神の一貫不惑が試された結果、実に日本的な形態において、マルキシズムは何かより高次の異質の信仰に変貌したのである。」と鋭く指摘している。

札幌生まれの島木健作は、自らの「北方性」に自覚的であった。「文学的自叙伝」に次のように書いている。

私の母方の祖父は御一新後間もなく北海道へ渡って（追われて行ったというに近かろう）開拓使長官の黒田の下にあって働いた。今年七十にちかい私の母親も北海道で生れ、育ち、生き、老いたので、私は三代目の北海道人なわけである。渡道前の先祖たちの郷土は、母方も父方も伊達の領土内であったから、私は北方の人種に属する。この北方人の血と運命といったようなものを、私は早くから子供心にぼんやり感じていた。子供の私が感じた北方人の血と運命というものは、かつて勝利したことのない、朝にあって栄えたことのない、いつも野にあって踏んづけられ通して来たもののそれであった。

また、『地方生活』に収められた「北海道及北海道人」の中では、次のように書いている。

いかに激しく我々の上に作用する北方的な自然と風土とをわれわれの故郷はもっていることだろう。明治の初年に札幌に学んだ人々、たとえば内村鑑三、志賀重昂などは、この北方の自然がかれ等の人間に及ぼした影響がいかに深かったかについて語っている。その影響は殆どかれ等の全生涯を決定したのであった。北海道の自然の骨格は全く独特である。流氷を浮かべて死のように黙したオホーツク海に向ってひとり立った時、根釧原野の一角に立って遠く近く走る野火を望み見た時の印象を私は忘れることができない。それは荒涼として世にも寂しきものだが、また人の心を永遠なるものに向って呼び覚まずにはいない深さを持っているのである。

「北方の精神」とは、「永遠なるものに向って呼び覚まされた精神であって、古来、「無常」という感覚に浸って、「永遠」というイデーに対して鈍感であった日本人の精神にとって、北海道という「北方」は、深い影響を与えた。影響というよりも、変質とも言うべきかもしれない。島木には、未完の長篇小説『北方の魂』がある。
そして、島木はまた、「明治の精神」に深く貫かれた精神の人であった。島木の最後の長篇は、昭和十九年の十一月に刊行された『礎』である。その中で、主人公・岩木茂太は、次のように語る。

僕は恐らく自分などが明治の最後の人間の一人なのだろうということを思っています。この思いは年とともに深くなっていきます。年代からいうならばこういうことは或いはあたらないかもしれません。僕が生れたのは日露戦争の二年前です。父はこの戦争で死んでいます。この戦争の号外の音を僕は記憶しませんが、明治の聖代と袂別した日の悲しみは当時すでに十一歳であった僕の心を、今日なおまざまざと想起し得るほどに強く動かしたのです。

「父はこの戦争で死んでいます」ということは、島木の場合、正確には戦死ではなく、大連に出張中に客死したのであるが、この主人公の感慨は、島木自身のものと言っていいであろう。「明治の最後の人間の一人」である島木は、『続生活の探求』の中で、久しぶりに東京に出てきた主人公をして、次のように言わしめている。

何だ、これが二年前まで数年間自分がそのふところに住み、帰郷後も折にふれて思い出していたあの東京なのか。一九三×《ママ》年の日本の首都の姿なのか。この町を行ったり来たりしている男たちまた女たち、これが一国のもっとも文化的な、知識的な人間であるというのか。……

　隙なく身なりをととのえ、しかつめ顔に歩いている男たち、きれいに着飾った現代的な理智的な美人である女たち、君等はいかに容体ぶってみてもだめなことだ。いや、容体ぶれば容体ぶるほど却っておかしさを増すばかりだろう。君等の心の空しさは君等の容体ぶった顔にそのまま現われている。何だって君等はまァそうまで余所行きの顔をしなければならないのだ。君等は一体何の真実があるというのだ。真実だということは、中身がつまって、一杯になって、溢れ出しそうになっている状態なのだ。君等は自分のその空しさを、自分の眼で覗き込んでみたことがあるか?　君等の顔は故郷を見失っているものの顔だ。あらゆる意味の故郷を。君等の生活はどんな地盤の上に立っているのであろう。風に吹かれるがままの根無草。君等は自分の本質だと思っているものが実は借物であることに気附かないか。あらゆる借物の重ね着が君等という人間を造っている。自分の身につけているあらゆる有形無形なもののなかから、これこそは自分のものだという、何を君等は取り出そうというのか。明日はどうなって了うか、保証できぬものばかりではないか。

「明治の最後の人間の一人」が、昭和十年代の日本に対して放った、この批判の言葉は、今日の日本にもさらに当てはまるであろう。私が、この言葉による交響曲『明治頌歌』を書こうと思った動機の一つは、現在の日本の状況に対して、明治という時代と明治の精神によって批判したいということなのである。

島木が、最後まで書き続け、ついに未完に終わった長篇小説『土地』は、北海道開拓史を取り上げたものであった。「北海道及北海道人」の中で、次のようなこと書いている。

偉大な精神が開拓の当初から北海道の地に生れ、長くこの地を支配したということこそ重要である。その精神とは札幌農学校に凝って顕れたものである。それは今日のごとくに堕落せぬ以前のアメリカの清教徒の精神が、日本人の魂において受け取られ、発展をとげたものである。

この「札幌農学校に凝って顕れたもの」とは、一言でいえば、校長クラーク博士の「Boys, be ambitious!（少年よ、大志を抱け）」という言葉に込められたものと言えるであろう。この言葉は、『西国立志編』の「自助の精神」とともに、「明治の精神」を貫くものであった。この言葉に、大きな影響を受けた人物は、数知れないであろうが、例えばここで一人挙げるとすれば、石橋湛山である。石橋は、山梨県立第一中学校（のちの甲府中学校）を七年かかって卒業した。そのときの校長が、札幌農学校の一期生であった大島正健であった。内村鑑三や新渡戸稲造は、二期生である。この大島は、特にクラーク先生の教えに忠実だった人物で、石橋はその影響を深く受けたのであった。今、甲府第一高等学校の校門近くには、石碑があり、そこには石橋湛山が書いた「Boys, be ambitious!」の文字が彫られているのである。

また、島木は、次のようにも書いている。

私は北海道開拓の歴史を繙くごとに、指導者の雄大な精神と計画と実践とに打たれざるを得ない。そこには卑陋なものがなかった。おおどかな、無私な精神の美しさがあった。彼等はほんとうに「知識を世界に求め」たのである。

これは、「明治の精神」に対する頌歌のエッセンスとも言うべきものであろう。「明治の精神」には、「卑陋なものがなかった」のであり、「おおどかな、無私の精神の美しさがあ」るものだったのである。

そして、修善寺温泉で、川を渡ろうとして、ついに川の中に没してしまう赤蛙の行動を深い共感を持って描いた名作「赤蛙」は、この「明治の精神」の悲劇と美しさを表現したものに他ならない。

第二主題　硬文学

明治には、「硬文学」というものがあった。「硬文学」に対して「軟文学」というものがある。私が、「軟文学の中に寝ていられない——硬文学の再興を」という評論を書いたのは、もう四半世紀前の平成三年のことだが、そこで、「硬文学」の復活を主張した。自然主義文学以来の「軟文学」としての「小説」は、もう命脈が尽きたと思われるからである。それは、商業主義とマスコミによって「読物」として延命しているに過ぎない。実は、すでに昭和三十年代に、その小説の終焉を感じ取った文芸批評家たちによって、「硬文学」を復活の必要を訴える動きがあった。

昭和三十八年に、中村光夫は「硬文学の復活」を書いている。

明治時代から大正の初期にかけて一般読者の文学的要求をみたしたものは、決して単に新しい小説や詩だけではなかったので、時事評論や史論を中心とするいわゆる硬文学、漢詩漢文などが和歌俳句とならんで読まれていたのです。このうち（文芸評論でない）評論、史論、漢詩漢文などは、現代では滅びてしまったジャンルですが、これが今日から想像がつかない権威と多くの読者を持っていたことは、明治時代の雑誌を一瞥すればわかります。

昭和のはじめにでた改造社の「現代日本文学全集」でも、徳富蘇峰、三宅雪嶺などは、一人一冊を占めて居り、漢詩集は、新体詩集と一巻を半分ずつ頒けあっています。

この時期、同じような危機意識の中で、河上徹太郎は「文学の実体喪失」を書き、山本健吉は「現代小説への不信」を発表している。

私が、「軟文学の中に寝ていられない」を書いたきっかけの一つは、筑摩書房の『明治文学全集』（全九十九巻・別巻一）が刊行開始から四半世紀かかって執筆の二年前の平成元年に完結したことであった。この九十九巻の中に、「現代では滅びてしまったジャンル」が堂々と入っていたからである。第五、六巻は『明治政治小説集』であり、第六十二巻は『明治漢詩文集』、第七十七、七十八巻は『明治史論集』なのである。この「政治小説」「漢詩文」「史論」などが、「硬文学」と言われるものであり、「政治小説」としては、東海散士（柴四朗）の『佳人之奇遇』や矢野龍渓の『経国美談』などが特に有名である。「史論」としては、徳富蘇峰や山路愛山などが、その代表者である。蘇峰の『吉田松陰』は、「硬文学」の傑作であろう。

そして、「明治の詩情」を表現したものとして、今日、「新体詩」だけが問題にされるが、実は「漢詩漢文」の方が、「明治の詩情」を代表していたのである。『明治文学全集』の第六十二巻『明治漢詩文集』の解説で、神田喜一郎は、「明治時代は、漢文はともかく、漢詩は空前の発達を遂げた。その作品も極めて多い」と今日の「常識」に泥んでいる我々に少なからぬ驚きを与える事実を記した後、しかし、次のように書いている。

明治の漢詩文について研究したものは極めて少ない。殆ど絶無に等しいといってもよいくらいである。

この文学史研究上のほとんど異常と言ってもいい状況は、異常と感じることもないほど異常なものとなって、常識的文学史観に我々は何の疑問もなく、普段生きている訳である。

いったい明治の漢詩は、（中略）日本に漢詩あって以来、空前の発達を遂げたものである。殊に後半期、細かにいうと、明治二十年から三十七、八年に至るまでの間であったが、その間が著しかった。

この「三十七、八年に至るまで」というのは、自然主義文学の勃興期以前ということになり、漢詩の衰退もやはり「軟文学」の流行と関係していることを知るのである。

また、この『明治漢詩文集』の目次を眺めていると、あることに気づく。それは、ここに登場する名前の幅広さからくる面白さである。もちろん、専門の漢詩人も多いが、例えば、栗本鋤雲がいる、木村摂津守がいる、成島柳北がいる、中村敬宇がいる、依田学海がいる、そして、西郷隆盛が、大久保利通が、副島種臣が、陸奥宗光が、西園寺公望がいるのである。内藤湖南もいる。そして、当然ながら森鷗外、夏目漱石、正岡子規がいるのである。

鷗外、漱石は、「軟文学」の「小説」の大家としてではなく、もちろん「漢詩」が収められているのであり、子規も「和歌俳句」の人ではなく、「漢詩」が収録されている。

夏目漱石の漢詩については、吉川幸次郎の『漱石詩注』がある。その「序」の冒頭に次のように書かれている。


漢詩は、夏目氏の文学において、相当の比重を占める。おそらくは俳句よりも、より多くの比重を占める。少なくともその自覚においては、そうである。

明治の時代、漢詩はなお甚だ多くの作者をもった。江戸時代の漢学が、単に中国人の詩文を受動的に読むのに満足せず、みずから漢語による詩文の制作を、任務の必須の部分としたのの、延長としてである。あるいは量的には、マス・コミの発達に応じて、江戸時代以上の盛況にあるようにさえ見えた。また質的にも、久しく閉ざされていた中国との直接の接触の開始、あるいは西洋文学との接触によって、何ほどかの変化を示そうとした。新聞には、短歌欄、俳句欄とともに、必ず漢詩欄が、一般読者の投稿を迎えた。詩といえば、すなわち漢詩を意味し、日本語の詩は、新体詩と呼ばれて区別された。森槐南、国分青崖、野口寧斎らは、もっとも盛名のある漢詩人として、しばしば多くの門生による結社の中心であり、新聞の漢詩欄の選者であった。

『明治漢詩文集』に収められている、幅広い分野の名前を見るとき、「文学全集」には、「文学」者のものが収録されるという通念を打ち砕いてはいないであろうか。「文学」者の書いたものが、果たして「文学」であろうか。それは、少しも保証されていないのではないか。文学とは、精神的事件に関するものであって、その精神的事件の起きた人間が書いたものが、文学の名に値するのであって、その人間の「職業」が「文学」者であるかどうかは全く関係のないことである。

ここまで書いてくれば、「明治の詩情」の表現としての「漢詩」の最高峰が、乃木大将の「漢詩」であったといってもそれほど意外とは思われないであろう。私は、乃木希典の「漢詩」を『新学社　近代浪漫派文庫』の一冊『西郷隆盛／乃木希典』で読んでいる。この『新学社　近代浪漫派文庫』（全四十二冊）は、現代の「軟文学」全盛の風潮に対して、批判的な姿勢を以て編集されている。その「刊行のことば」には、次のように書かれている。

文芸の変質と近年の文芸書出版の不振は、出版界のみならず、多くの人たちの夙に認めるところであろう。そうした状況にもかかわらず、先に『保田與重郎文庫』（全三十二冊）を送り出した小社は、日本の文芸に敬意と愛情を懐き、その系譜を信じる確かな読書人の存在を確認することができた。

その結果に励まされて、専ら時代に追従し、徒に新奇を追うごとき文芸ジャーナリズムから一歩距離をおいた新しい文芸書シリーズの刊行を小社は思い立った。即ち、狭義の文学史や文壇に捉われることなく、浪漫的心性に富んだ近代の文学者・芸術家を選んで四十二冊とし、小説、詩歌、エッセイなど、それぞれの作家精神を窺うにたる作品を文庫本という小宇宙に収めるものである。

以て近代日本が生んだ文芸精神の一系譜を伝え得る、類例のない出版活動と信じる。

「狭義の文学史」というのは、「軟文学」というに近い意味であろう。この「刊行」は、確かに偉とするに足るものである。そして、この文庫の第一巻は、「維新草莽詩文集」であり、第二巻が「富岡鉄斎／大田垣蓮月」である。いかに、この文庫シリーズが、

「文芸ジャーナリズムから一歩距離をおいた」ものかがわかる。「一歩」などというものではないかもしれない。他に「内村鑑三／岡倉天心」「宮崎滔天」「山田孝雄／新村出」「河井寛次郎／棟方志功」「大東亜戦争詩文集」などがある。

そして、第三巻が「西郷隆盛／乃木希典」なのである。

「明治時代は、漢文はともかく、漢詩は空前の発達を遂げた。その作品も極めて多い」ということで思い出すのは、『坂の上の雲』の中で、乃木大将と児玉源太郎が「詩会」をやるところである。戦場で、「詩会」をやるというところが、実に「明治」である。また、日露戦争が、源平の合戦が「文化」の一形態であったように、戦争が「文化」の一つの表現であり得た最後の戦争であったことも示しているであろう。「水師営」の章で、司馬遼太郎は、「水師営の会見」について、次のように書いている。

この会見は、一月五日である。すでに開城についての談判は終了し、かつ開城にともなう両軍の業務は進行しつつあったから、この両将の会見は法的にそれが必要であるわけではない。

ところが、ステッセルのほうから、

「会いたい」

と、いってきた。降伏したステッセルにとってこれ以上の義務――つまり敵将に会うといったふうな――ことは必要なかった。しかし軍人は反面儀典的要素に富む職業であり、さらにはこの時代の軍人にはなお騎士的な儀礼を重んずる風がのこっていた。このような、いわば軍人が劇的儀礼を重んずる風は、この日露戦争をもって世界史的に最後の幕が閉じられたとみていい。くりかえしていえば乃木希典とステッセルの会見は、戦争というこの惨禍をその結末においては美的に処理したいという気分の最後の時代の最終の場面であったといえるであろう。

「漢詩」の「詩会」については、「二〇三高地」の章で、次のように書かれている。

さらに「乃木日記」の七日のくだり。

「夜ル訪」

とあるのは、乃木がこの夜、児玉の部屋を訪問したということである。ついでながらこの柳樹房の乃木の軍司令部の奥の一室に、児玉のための部屋が用意されていた。

訪問の理由は、この夕刻、児玉が前線から帰ってきたとき、

「乃木、今夜、詩会をやろうじゃないか」

といったからであった。乃木は内心児玉の精力に多少感心しつつ、

「やってもいい」

と、答えた。


「乃木日記」には、「……志賀アリ、詩談」とあるように、志賀重昂も、この「詩会」に参加した。志賀についての説明がある。

明治陸軍は、外国陸軍の模倣から出発した。外国陸軍にあっては（海軍もそうだが）、大戦を遂行する場合、高名な文学者をつれてゆくことが多い。ひとつにはその理由で、志賀重昂を、勅任官待遇の観戦員として乃木軍司令部に従軍させた。勅任官の説明はむずかしいが、例でいえば各省次官、府県知事といった官吏であり、勅任官相当の待遇を受けるグループには大学、専門学校、高等学校の教授がある。

文学者といっても、明治政府の感覚では、外国のばあいのように、小説家などを勅任官待遇にして観戦員にはしない。当時の分類でいう硬文学の徒かららばれた。それも無冠の硬文学者はえらばれない。志賀重昂はジャーナリストであったが、一時官途について農商務省山林局長や外務勅任参事官をしたこともある。この経歴のおもおもしさが買われて、観戦員にえらばれた。が、文章家としても、識見の人としても、当時、日本における屈指の人物であったことにはまちがいない。

志賀重昂は、「当時の分類でいう硬文学の徒」であったのである。「小説家」などの「軟文学」の徒は選ばれないのである。志賀が、札幌農学校の出身であることも銘記されていいであろう。内村鑑三と新渡戸稲造は、二期生だが、志賀は、三年下の五期生である。明治十四年（一八八二）の七月、鑑三たち二期生の卒業式があった。入学以来、常に首席を保ってきた鑑三は、卒業生を代表して別れの挨拶をした。その最後に、同級生たちに向って、「今吾輩は本校の学科を卒業したりといえども、決して温袍に安ずるものに非ず。これより艱難の道に入りぬべし。今日はその艱難の途の門戸なり。諸君よ、請う、安逸に肯ぜず、その屍を北海の浜に暴らすの素志を棄つるなかれ」と語りかけた。

この言葉が何故、残っているかと言えば、その卒業式に一年生として列席していた志賀重昂がその「日記」に、感動して書き記したからである。この挨拶の決意もまた、「明治の精神」を代表するものであろう。

志賀重昂を交えて、「詩会」を戦場で開くなどということは、日露戦争が文化としての戦争の色合いをまだ、残している最後の戦争であったことを象徴している。

乃木希典の「漢詩」の絶唱と言えば、そして、それは「明治の詩情」の最高峰でもあるのだが、それは、やはり「爾霊山《にれいさん》」の詩であろう。

第一の変奏　爾霊山

この詩について、『坂の上の雲』の同じく「二〇三高地」の章に、次のように書かれている。

二〇三高地は、すでにおさえた。

乃木希典日記の十一日の項に、

「有レ風、烈寒、零下十度」

と、ある。

この朝、かれは豊島山の陣地を巡視しなければならなかった。柳樹房の軍司令部を出るとき、観戦員の志賀重昂が、玄関まで送ってきた。外は、烈風に雪がまじっていた。乃木は庭へおりてからふと志賀のほうへひきかえし、ちょっとはにかみの微笑をうかべつつ、

「志賀さん、あとで見ておいてください」

と、志賀の掌に紙片をにぎらせた。

志賀が部屋にもどってからその紙片をひらくと、鉛筆で詩稿が書きつけてあった。

高名な爾霊山の詩である。

爾霊山嶮豈難レ攀
男子功名期レ克レ艱
鉄血覆レ山山形改
万人斉仰爾霊山

とある。

志賀は小声で訓みくだした。

爾霊山　嶮なれども豈《あに》攀じ難からんや
男子功名　艱に克つを期す
鉄血山を覆うて　山形改まる
万人斉《ひと》しく仰ぐ　爾霊山

志賀は、この詩に驚嘆した。

——自分も遠く及ばない。まして児玉さんなどは。

と、数日前の詩会での児玉の詩をおもったりした。第一、

「爾霊山」

という、このことばのかがやきはどうであろう。この言葉を選び出した乃木の詩才はもはや神韻を帯びているといってよかった。二〇三という標高をもって、爾《なんじ》の霊の山という。単に語呂をあわせているのではなく、この山で死んだ無数の霊——乃木自身の次男保典をふくめて——に乃木は鎮魂の想いをこめ

てこの三字で呼びかけ、しかも結の句でふたたび爾ノ霊ノ山と呼ばわりつつ、詩の幕を閉じている。

この乃木希典の漢詩が、明治における日本人の詩情を代表する作品の一つだということは、ドイツの詩人、リルケが言ったように、詩の最高の形態は、レクイエム（鎮魂曲）だからである。日露戦争という、明治の日本人が最も偉大であり、かつ最も悲劇的であった歴史のことを思うとき、その数多くの死者に対して、レクイエムが書かれなければならない。そのレクイエムは、明治においては「軟文学」の新体詩人でもなければ、専門の漢詩人でもなく、「軍人」乃木希典によって書かれたのである。

私が、爾霊山を訪ねたのは、平成二十一年（二〇〇九）の九月のことであった。この年の十一月から、三年かけて放映されるＮＨＫスペシャルドラマ「坂の上の雲」の第一部が放送開始になるということで、この『坂の上の雲』が何かと話題になっていた頃であった。大連を旅した後、九月二十日に旅順に向った。あいにくの雨であった。東鶏冠山、二〇三高地、水師営会見所と回った。二〇三高地は、今は「森林高原二〇三高地」と呼ばれていることからもわかるように、森林に覆われ、昔日の面影はなくなっているが、ここで尋常ならざることがかつて行われたのだという気配は漂っている。

雨は、どんどん強くなってきて、山頂に登り、乃木大将の筆になる爾霊山の文字が刻された慰霊塔を仰いでいるときは、まさに車軸を流すような雨となった。これは、天候の偶然に過ぎないであろうが、ふと、何ものかが慟哭しているかのようにも感じられた。

この雨のために、山頂から旅順港が眺められないのが残念であった。というのは、この光景を見たいというのが、旅の目的の一つだったからである。『坂の上の雲』の中で印象深い場面に、二〇三高地の占領がほぼ確定した午後二時に、児玉源太郎が「みずから有線電話にとりつき、山頂の将校にむかって電話」するところがある。「旅順港は、見おろせるか」、これに対して、将校は「見えます。各艦一望のうちにおさめることができます」と答えた。このとき、この将校が見たものは、単なる光景ではない。二〇三高地は、まさに爾霊山であり、日本人が巡礼すべき聖地である。

この爾霊山に行きたかったもう一つの理由は、個人的なものなのだが、それは、私の父方の祖父に関係している。私の子供の頃、本籍地は北海道の江差であった。中学生の頃、父がその頃住んでいた横浜に移してしまったが、意識の上の本籍地は今でも、江差である。東京の小学校に行っている頃、学校の書類などで本籍地を記入するとき、本籍地が東京の友達の中にあって、子供心に自分が何か遥かなるところから来たる者という感じを持ったことを思い出す。生まれたのは、当時父が勤務していた仙台だが、四歳で東京の世田谷に移ったので、仙台時代の記憶はほとんどない。かえって住んだこともない江差の方が、私の意識の上に重みを持っている。私が、「北方の抒情」に心惹かれるのには、このようなことも関係しているに違いない。

祖父が、そこで「新保商店」という雑貨商を営んでいるとき、父が生まれたので本籍地になったのだが、祖父は高田中学を出たようなことを言っていたらしいから、新潟県の高田出身なのであろう。それが、江差より北の瀬棚というところにいた親戚を頼って、渡道し、やがて江差で商売を始めたらしい。その後、朝鮮に渡って、朝鮮人参の栽培を手掛けたり、函館に進出して、かなり成功したりといった具合だが、函館の大火ですべてを失って、東京に来た。中央郵便局に勤めて、目黒に住んだが、江差の近くの湯ノ岱にある農場の管理を頼まれて、また渡道する。それから、営林署に勤めた後、中国に渡り、秦皇島で商社を経営するが、「支那事変」が起きてからは駄目で、昭和二十年六月、敗戦前に徐州で死んだ。六十三歳であった。

戦後生まれの私は、もちろん会ったこともないが、この困窮の中で死んだ「失敗者」の生涯は、子供の頃から強く印象に残っていた。そして、この「失敗者」は写真がほとんどなくて、仏壇にはその中の一枚、爾霊山の慰霊塔の台座に腰かけている写真が置かれていた。

友人と映っている写真から切り取られた、この写真から私は、祖父も爾霊山には行ったのだという、思いを長く抱いて来た。恐らく、戦前は爾霊山には、多くの日本人が「慰霊」に行ったのであろう。

祖父が坐っている台座と同じところに、坐って何かその存在を感じとってみたかったのである。行ってみると、慰霊塔の周りには鎖が取り囲んでいて、実際は台座に坐ることは出来なかったが、その近くに立っただけで私は満足だった。

明治という時代は、成功者たちの達成した大きな業績によって偉大なばかりではなく、失敗者たちのエートスによっても偉大なのではないか。

乃木希典と児玉源太郎、そして志賀重昂などの「詩会」に戻るならば、そこで児玉が「得利寺」の激戦のあとを詠った漢詩を挙げておこう。

このあと、乃木軍の軍医部長の落合泰蔵も入ってきて、大一座になった。

ちょうど、児玉が、筆をとって自分の詩を書いているときであった。

「ははあ、得利寺」

と落合はのぞきこんだ。児玉のこの詩は、かれがこの旅順にやってくるとき、車窓からかつての得利寺激戦のあとを望見し、戦死者の墓標をはるかに見ながら、手帳に書きこんだものであった。

得利寺辺天籟悲し
帰鴉去って復新碑を弔う
十年の恨事一朝の露
跡は雄心の落々たる時に在り

「どうも、結の句がうまくゆかん」

と、児玉はくびをひねっている。


この「得利寺激戦」と言えば、三島由紀夫の最後の大作『豊饒の海』の第一巻『春の雪』の冒頭に、日露戦争のときの一枚の写真について印象深く書いているのが思い出される。その写真は、明治三十七年六月二十六日の「得利寺附近の戦死者の弔祭」と題されたもので、セピア色のインキで印刷された写真の中央には、小さな白木の墓標が立っている。「そのほかはみんな兵隊、何千という兵隊だ。前景はことごとく、軍帽から垂れた覆布と、肩から掛けた斜めの革紐を見せて背を向け、きちんとした列を作らずに、乱れて、群がって、うなだれている」。そして、三島は、この写真についての記述を、「これのかもしだす悲哀は、限りがないように思われた」と締め括っている。

たしかに、日露戦争は「これのかもしだす悲哀は、限りないように思われ」るような悲劇であった。しかし、それはまた、その「悲哀」を超えたものを持っていた。日本人は、そこにおいて、何か歴史的にも最高の精神的な偉業を成し遂げたのである。だからこそ、「万人斉しく仰ぐ　爾霊山」なのである。

第二の変奏　叙事唱歌「戦友」

日露の戦役の詩情と言えば、やはり「戦友」に触れない訳にはいかないであろう。歌詞は、十四番まである。

一、此処は御国を何百里
離れて遠き満洲の
赤い夕陽に照らされて
友は野末の石の下

二、思へば悲し昨日まで
真つ先駆けて突進し
敵を散々懲らしたる
勇士は此処に眠れるか

三、嗚呼戦の最中に
鄰《となり》に居りし我が友の
俄《にわか》にはたと倒れしを
我は思はず駆け寄つて

四、軍律厳しき中なれど

是が見捨て丶置かれうか
「確《しっか》りせよ」と抱き起し
仮繃帯も弾丸の中

五、折から起る吶喊《とっかん》に
友は漸《ようよ》う顔上げて
「御国の為だ構はずに
後《おく》れて呉れな」と目に涙

六、後に心は残れども
残しちやならぬ此の体
「それぢや行くよ」と別れしが
永《なが》の別れとなつたのか

七、戦済んで日が暮れて
探しに戻る心では

どうか生きて居て呉れよ
物等言へと願ふたに

八、空しく冷えて魂は
故郷へ帰つたポケットに
時計許りがコチコチと
動いて居るも情無や

九、思へば去年船出して
御国が見えず為つた時
玄界灘で手を握り
名を名乗つたが始めにて

十、それより後は一本の
煙草も二人で分けて喫み
着いた手紙も見せ合ふて

身の上話繰り返し

十一、肩を抱いては口癖に
どうせ命はないものよ
死んだら骨を頼むぞと
言ひ交はしたる二人仲

十二、思ひもよらず我一人
不思議に命永らへて
赤い夕陽の満洲に
友の塚穴掘らうとは

十三、隈無く晴れた月今宵
心染み染み筆執つて
友の最期を細々と
親御へ送る此の手紙

十四、筆の運びは拙いが
行燈の陰で親達の
読まるゝ心思ひ遣り
思はず落とす一雫

「戦友」は、「軍歌」と誤解されているようであるが、「唱歌」である。もう少し正確に言うと「叙事唱歌」である。大阪出身の芥川賞作家で、「サッちゃん」などの童謡の作詩でも知られている阪田寛夫に『戦友　歌につながる十の短編』という著作がある。この中には、『戦友』という作品の他に、『海道東征』などが収められている。後者は、近来復活が話題になっている信時潔作曲の交声曲「海道東征」をめぐって書かれた名品で、川端康成賞を受賞したものである。私は、平成十七年に『信時潔』を上梓したが、これを執筆するにあたって、随分と参考にさせていただいた作品であった。

『戦友』は、この日露戦役の詩情として欠かせない名曲の作曲者、三善和気《かずおき》をめぐっての短編である。その中で、阪田氏は「当時十三、四歳くらいであった私にとって、三十何年か前の日露戦争は大昔の、まるで地の底に沈んでとっくに土と化した褐色

の地層の一すじだった。」と書いた上で、「戦友」の一番の歌詞を引用している。そして、次のように書いている

その地層からひびいてくるうめき声のように聞いた歌に、作詩や作曲をした人がいたこと自体ふしぎなのに、作曲家の三善和気さんが——あの頃小学校の国史の時間では、逆賊道鏡を斥けた和気清麻呂の忠義について、やかましく暗記を強いられたから、彼の名前もミヨシワケと信じて疑わなかったのであるが、——この世に生きて、しかも大阪に住んでいることが、空恐ろしいような感じで心に灼きついたのであった。

「戦友」という歌について、私はこの阪田氏の小説で少し知ることができた。この有名な歌は、今でも多くの日本人の心に響く力を持っているが、この曲の作詞家、作曲者についてはほとんど知られていない。阪田氏のいうように「その地層からひびいてくるうめき声」のような曲であり、この音楽は、もはやこの曲を「作詩や作曲をした人がいたこと自体」が「ふしぎ」と思えるほどに、日本人という民族の精神の深層に突き刺さっているものとなっているのである。

三善和気は、昭和三十八年、八十三歳で死去した。阪田氏は、小説の中で「三善和気は多分明治十四年に、三重県で生れた。」と書いている。「多分」である。この作品は、未亡人に三善和気について尋ねたことを基に書かれているのだが、発表された昭和五十九年時点では、このような状況だったのである。その後、三善和気についての研究が、どれほどなされたかどうかは、知らない。恐らくほとんど状況は変わらないであろう。それは、作詞をした、真下飛泉についても同じようなものであろう。しかし、逆にこの曲は、その方がふさわしいのかもしれない。この「戦友」という曲は、誰か個人が作ったというよりも、何か民族の魂から、自ずから「うめき声」のように湧き上がってきたようなものと考えた方がいいように思われるからである。

この曲が作られた経緯については、小説の中に次のように書かれている。

やっと奥さんの口から「戦友」の話題が出た。五車楼は京都の版元で、三善和気は当時京都の教員だった作詞の真下飛泉と、明治三十七年夏以来「学校及家庭用言文一致叙事唱歌」を二年間に十二曲続けて出版した。全体の題は無いが「唱歌風戦争オラトリオ」とも言うべきもので、第一曲「出征」に始まって、露営・戦友・負傷・看護・凱旋・夕飯・墓前・慰問・勲章・実業を経て終曲の「村長」まで、武雄という名前の一人の人物の運命を辿っている。この中で「戦友」と「出征」が後世に残った。

「戦友」が、このような構成の作品の一部とは、私は不覚にも知らなかった。ここにあるように「戦友」は、「叙事唱歌」であって、「軍歌」ではない。阪田氏は、「戦友」の詞のいくつかを引用した上で、この曲の深さに改めて驚嘆し「今頃言い出して申し訳ないが、これは大変な歌ではなかろうか。同じ評価は真下飛泉の歌詞と連動している点で、三善和気の曲にもあてはまる筈だった。」と書いている。

そして、「だから、彼の書いた『戦友』は、『軍歌』というものではなかろう。主音で終る唱歌とも違う。哀歌とでも言うべきか。」と「唱歌」を超えたものとしている。たしかに、「戦友」は、「哀歌」である。日露の戦役という、明治の最大の悲劇の中で、「うめき声」のように響いた「哀歌」なのである。

小説の中に、堀内敬三著『定本　日本の軍歌』には、「戦友」の歌が、「初めは関西地方の多くの小学校で教えられ児童に喜ばれて歌われていたが、明治四十三年頃から街頭の演歌者によって全国に伝えられ、大人も歌う流行歌となった」と説明されていることが引用されている。「児童に喜ばれて歌われていた」とある。明治の「児童」は、精神においてなんと高級であったことか。このことを示す具体的な例が、「戦友」ではなく「出征」に関してではあるが、小説の中に、書かれている。

もう一つ、真下・三善の作った歌と聞き手の交感を示す手記が手もとにある。それは、作曲家の野口さんから続いて送られてきた資料に入っていたのだが、「戦友」ではなくて、第一曲「出征」の初演の思い出だ。大阪まで鞄に入れて来たのを、私はその晩ホテルの机にひろげて予習した。

書き手は京都の田村真男医師で、この人が京都師範附属小学校在学中の学芸会に、受持の「真下飛泉先生が特にその日の為に作られた唱歌」をうたった。明治三十七年五月二十八日、日露戦争が始まって三ヵ月、町では毎日のように男たちが召集され、出征して行った最中のことだ。以下に抄約する。

私は主人公の「武雄」の役を振りあてられ、「村の人」其他色々の役割を演ずる級友と足を震はせながらステーヂに立つた。

講堂にいつぱいの笑顔が私達を見てゐる。私はいきなり声を張り上げてうたひ出した。

「父上母上いざさらば、私は戦に行きまする。隣に居つた馬さへも…」歌ひ始めると場内はだん〱静まつて行つて暫くするとみんなの顔から笑が消えてしまつた。そして冷たい様な静けさの中にあちらこちらから忍びやかな啜り泣きがもれ始めた。

歌は進む。「父上あなたは御老体、山や畑の御仕事は、どうぞ御無理をなさらずに…」

誰も彼もうつむいてしまつて顔を上げてゐる人が無くなった。ふと眼をやれば校長先生もほかの先生もみんな泣いて居られる。たよりにする真下先生の眼にも露が光つてゐる。場内のあちらこちらで白いハンカチがちら〱する。

幼い私はどうなることかとオド〱胸を轟かせて何とはなしに自分も泣き出し度い様なのをこらへこれへてなほ歌ひつゞけた。

以上で引用を終るが、最後に「村人」の役の子供らが「村一番の武雄どの」を、「万歳万歳万々歳」と送り出したところで大拍手が湧いたという。

「戦友」に触れた文学作品として思い出されるのは、井伏鱒二の『軍歌「戦友」』

である。昭和五十一年の作である。海軍中尉として海軍の輸送艦に搭乗して物資を硫黄島へ運んだ「奥山君」の話であるが、この「奥山君」が三回目に硫黄島に行ったとき、ロサンゼルスのオリンピック大会で、馬術の障害競技に優勝した、かの有名な「西中尉」と会話を交わす場面がある。そこで、「奥山君」は、「このごろ陸軍では、『ここは御国を何百里』といふ軍歌が、禁止になつたさうですね。みんな馴染んでゐた歌ですがね」と言う。

大東亜戦争の時代には、この「戦友」という「哀歌」が歌うのを「禁止」されたという話は、かつて聞いたことがあった。井伏鱒二の小説の中に、このような記述を読むと、この「戦友」のような歌が日露戦争の最中に作られ、それが深く歌われた明治という時代の、いわば懐の深さに思いを致さざるを得ない。まさに、日露戦争という明治の「戦役」は、「戦《いくさ》」であった。「War」ではなかったのである。

それにしても、この一世紀以上前に作られた「叙事唱歌」が、何故今日にいたるまで、心ある日本人に愛唱されるのであろうか。それは、この曲が、「戦」という特殊な状況の中での人間の思いを語っているにもかかわらず、何か不思議と人生にとっての普遍的なものを表現しているからであろう。人生のある危機的局面において、人はこの「戦友」に歌われているような感慨を抱くことがあるからである。ある高名な評論家と話していて、談この曲に及んだとき、その人は、「戦友」の中でも、十二番の歌詞が好きだといって、感極まる声で歌い出したことがある。

十二、思ひもよらず我一人
不思議に命永らへて
赤い夕陽の満洲に
友の塚穴掘らうとは

何か人生の危機に触れるものがあるのであろう、ときに私はこの声を思い出すことがある。

第三楽章

日露戦争

第一主題「最古参の中将」立見尚文

日露戦争については、すでに多くのことが語られ、その様々な戦闘で日本人が示した武勇は深い感動をもたらす。日露戦争の激闘と勝利こそ、この言葉による交響曲「明治頌歌」のクライマックスを形成する。戦争が、人間の精神の表現の一つであるということは、今日の日本という敗戦国においては誤解が避けられないであろうが、新渡戸稲造の『武士道』（矢内原忠雄訳）の第一章「道徳体系としての武士道」の補注に、十九世紀の英国を代表する評論家であるラスキンの言葉が引用されているのを挙げておこう。

ラスキンは最も心柔和にして平和を愛する人の一人であった。しかし彼は奮闘的生涯の崇拝者たる熱心をもって、戦争の価値を信じた。彼はその著『野の橄欖《かんらん》の王冠』の中でこう言っている――「戦争はあらゆる技術の基礎であると私の言う時、それは同時に人間のあらゆる高き徳と能力の基礎であることを意味しているのである。この発見は私にとりて頗《すこぶ》る奇異であり、かつ頗る怖ろしいのであるが、しかしそれがまったく否定し難き事実であることを私は知った。簡単に言えば、すべての偉大なる国民は、彼らの言の真理と思想の力とを戦争において学んだこと、戦争において涵養せられ平和によって浪費せられたこと、戦争によって教えられ平和によって欺かれたこと、戦争によって訓練せられ平和によって裏切られたこと、要するに戦争の中に生まれ平和の中に死んだのであることを、私は見いだしたのである」。

この日露戦争について書かれた叙事詩としては、やはり司馬遼太郎の『坂の上の雲』を挙げるべきであろう。もちろん、この作品には、乃木大将の描かれ方をはじめとして、いろいろと問題のあることは十分に承知しているが、この長篇は今後の若い日本人に読み継がれ得る魅力を持っていることは確かである。何よりも読み継がれることが、民族の叙事詩には必要なことなのである。

「『坂の上の雲』と司馬遼太郎」（「文藝春秋」二〇〇九年十二月臨時増刊号）は、改題・再編集されて現在、文春文庫に『「坂の上の雲」人物事典』として入っている。その文庫の中に、「私の好きな人物、好きな言葉――『坂の上の雲』こう読んだ」という章題で、様々な分野の方が、エッセイを寄稿している。やはり、主人公の秋山真之、好古の兄弟、正岡子規を挙げている人が多いし、乃木希典、児玉源太郎、東郷平八郎などの英雄は当然、称賛されている。

寄稿を依頼された私は、いろいろと考えた末に、「立見尚文《たつみなおぶみ》」を挙げた。文庫本の方には、「『最古参の中将』立見尚文」として入っている。やはり立見尚文を挙げたのは珍しかった。他に渡部昇一氏が、「好古のずば抜けた貢献度」という文章の中で、「陸軍にも多いけれども、黒木為楨《ためもと》や立見尚文などは武人としてまことに好ましい人だ」として名を挙げているくらいであった。そのときの寄稿文を以下に引用しようと思う。


『坂の上の雲』の中には、魅力的な人物が多数登場するので、その中からもっとも好きな一人を挙げるというのは、なかなか難しい。

しかし、あえて一人を選ぶとすれば、立見尚文にしたい。

陸軍中将立見尚文は、熊本の第六師団とともに最強の師団とされていた弘前の第八師団の師団長である。黒溝台の惨戦で激闘し、ついに「午後十時、大憤慨を発し」、夜襲を決断して黒溝台を占領した。

「立見は幕末、桑名藩の洋式歩兵の隊長として幕府瓦解後も旧幕府のために各地に転戦し、とくに北越戦争では長岡藩と連合して薩長軍をしばしば潰走させ、その存在を官軍からおそれられた人物」と書かれている。「最古参の中将」立見は、このとき六十一歳であり、「老将」といっていい。「おれは戊辰戦争の賊軍だった」ということが、この「老将」の「屈折した意味で誇りだった」という。私は、こういう「誇り」が好きである。立見師団二万の兵が、夜間、雪が舞う中を不眠で急行軍した。この「ひとりの落伍兵もなかった」行軍だけでも、今日の懦弱《だじゃく》な我々日本人の襟を正しむるに足る。

窮地に陥った立見師団を救援するために広島師団を急行させることになったとき、それを聞いた立見が「これほどの恥辱があるかァ」と怒声をあげたり、各団隊の命令受領者に向って「シナ長持」の上に乗って悲壮な激を飛ばしたとき、「立見は跳ねあがって地団太踏み、ついに壇にしているシナ長持のフタを踏みやぶってしまった」ところなど、「天才の野戦指揮者」たる立見の風貌がよく出ている。

立見は日露戦争の激闘の辛労による病気のために、明治四十年に死んだ。死ぬ前、「おれは黒溝台で死ぬべきところであった。妙なことに二年以上生きた」とよく言っていたという。こういう「古武士」的な発言は、感銘深いものであり、もっとも印象にのこった言葉の一つである。

立見に限らず、大山巌、児玉源太郎、黒木為楨、野津道貫、奥保鞏《やすかた》などはすべて戊辰戦争の生き残りである。日露戦争に勝利した理由の一つは、戊辰戦争で鍛えられた精神があったからに違いない。

だから、立見が幕僚に「軍夫のなかに老人がいて、その男は新選組の生き残りだというううわさがあるというが、ほんとうか」ときいたという逸話は、象徴的である。

児玉源太郎が、二〇三高地の頂上を展望して、その一角を死守している百人足らずの兵の姿を見たとき、「あれを見て、心を動かさぬやつは人間ではない」と言った。これは、日露戦争全体についてもいえることで、この『坂の上の雲』に描かれた民族の叙事詩を読んで、「心を動かさぬやつは人間ではない」のである。さらにいえば「日本人」ではない。

民族の叙事詩を記憶していない民族は、いずれ滅びる。『坂の上の雲』という叙事詩が読まれつづける限り、「日本人」は残るであろう。

これを書いたとき、私は、まだ立見尚文の顔写真を見たことがなかった。この臨時増刊号が手元に届いたとき、後ろの方に『坂の上の雲』主要人物事典が付いていていて、立見の顔写真もあった。それを見て、私は立見を選んだことはよかったと思った。この顔写真に見る立見尚文は、とても明晰で清潔な表情をしている。大変気に入った。福田恆存が、かつて人物を見る上で、顔の大事さを挙げ、ゴルバチョフの顔について、いい顔をしていると言ったことを思い出す。私も、福田と同じく人物を見る上で、顔を重んじる方である。この主要人物事典に出てくる他の軍人の中には、いかにも軍人といった表情の者が多いが、立見のシャープな表情は、際立っている。

日露戦争というものの全体を描こうとすれば、膨大な書物がいるであろう。最低でも司馬遼太郎の『坂の上の雲』が必要であろう。旅順も、奉天も、日本海海戦も、すべて偉大なる勝利である。しかし、これらは、多く語られて来た。また、これらで活躍した英雄もよく知られている。

だから、この言葉による交響曲「明治頌歌」では、私はあまり語られない黒溝台の戦いとその立役者・立見尚文という一人物を光にあてたいと思う。ここには、幕末維新から日露戦争までを貫く一筋の精神が発揮されているからである。

立見尚文に興味を持った私は、文春文庫の中村彰彦『闘将伝　小説立見尚文』を読んで、立見という人物について知ることができた。立見について書かれた著作が少ない現状の中で、この中村氏の伝記小説は貴重である。

立見尚文は、弘化二年（一八四五）生まれの桑名藩士である。維新後に尚文と改名する前には、鑑三郎といった。鑑三郎は、桑名藩士町田伝大夫の三男に生まれ、その伯父立見作十郎に養子入りして家督を相続した。立見の風貌については、中村氏の小説の第一章「鳥羽街道」の中に、鳥羽伏見の戦いに参加している青年、立見鑑三郎について、次のように描かれている。


立見と呼ばれた男は、顎《あご》ひもを解いて陣笠をはずした。その下からあらわれた整った風貌が、遠いかがり火からの火箭《かせん》を浴びて小暗く輝く。

はやりの総髪大たぶさに結い上げた髷の下に、面長な顔立ちがつづいていた。黒目勝ちの双眸、やや小鼻の張った鼻筋、意志的な厚い唇はどこを取っても男臭いが、その最大の特徴は眉毛にあった。太筆で横一直線に描いたような濃い眉が、瞳に迫っている。

――立見鑑三郎、二十四歳。

背丈五尺七寸（約一七四センチメートル）と長大な体躯を有し、若いのに落着きはらっている家禄百八十石のこの男は、桑名藩松平家家中にあっても文武両道に秀でた逸材として将来を嘱望されている人物であった。

桑名藩と会津藩は、「会桑」と並び称された佐幕派の二大勢力であった。会津藩主松平肥後守容保と桑名藩主松平越中守定敬とは、実の兄弟であった。容保は、尾張名古屋藩の支藩にあたる美濃高須藩三万石の松平家第十世摂津守義建の七男、定敬は八男であった。鳥羽伏見の戦い以降の戊辰戦争における、「会桑」の戦いはすでに多くが語られてきたが、桑名藩士立見鑑三郎は、桑名藩雷神隊隊長として、東北に転戦した。雷神隊の隊長になる前に行われた宇都宮城の攻撃の後に、この戦いに共に参加した新選組の土方歳三と次のような会話を交わす場面が、小説の中に出てくる。

「こりゃあ、誤算だったな」

左足を負傷してしまった土方歳三が引き揚げ途中に馬上から苦々し気に話しかけると、

「まあ、いいではありませんか」

と鑑三郎は、その脇を大股に歩きながら笑みを見せて答えた。

「思えば上さまは、二条城、大阪城、江戸城とまことに気前よく官賊どもに城を差し出してしまいました。わが藩も桑名城を手わたしてしまい申したが、これでようやくひとつ敵方の城をつぶしたわけです。民草には気の毒ながら存分に反攻の狼煙を上げたのですから、兵たちもさぞや自信をつけたことでしょう」

「なるほど、そういう考え方もあるってことか」

すでに髷を落として髪をうしろ撫でつけし、フロック形軍服を着ている土方が、感心したように応じた。鑑三郎の気迫あふれる戦いぶりを間近に見た土方は、かれを桑名藩士隊の領袖として扱うようになっている。

このとき、天保六年（一八三五）生まれの土方歳三は、三十三歳である。新選組と桑名藩士隊は、元治元年（一八六四）の池田屋事件や蛤御門の変に共に出動したことを改めて思い出させる。立見とは、十歳しか離れていない。そして、日露戦争とは、新選組の隊士たちと共に戦った男が、「老将」になってから、指揮官となって戦ったものなのである。日露戦争には、戊辰戦争の戦塵が伝わっている。だから、前に引用した文章の中で、立見が幕僚に「軍夫のなかに老人がいて、その男は新選組の生き残りだというわさがあるというが、ほんとうか」ときいたという逸話は象徴的である、と書いたけれども、この逸話は「象徴的」というのでは足りなかったかもしれない。立見には、戊辰戦争の記憶が古傷がうずくように蘇ったに違いない。

土方歳三や新選組にとどまらない。大鳥圭介、秋月悌次郎なども出てくる。小説の中では、立見鑑三郎は、秋月悌次郎（登之助）と次のような会話をする。

大鳥圭介、秋月登之助、足に負傷してしまった土方歳三らも桑名藩士たちの気持はよく分ったから、反対はしない。

「お互いの武運を祈り合おう」

といってくれたので、桑名藩士隊は本軍に先行して会津西街道を若松へ十九里十八町の五十里村までゆき、そこから帝釈山地を越えて越後をめざすことになった。

「秋月さま、ともに会津の花を愛でることができなくなったこと、申し訳ありません」

別れ際に鑑三郎が陣笠を取って挨拶すると、緋のズボン姿の秋月は、

「いや、おぬしたちはいずれ会津へくるだろうよ」と自信をもって答えた。

立見鑑三郎は、その後、河井継之助の北越戦争に参戦し、朝日山の戦いで、そのときは北陸道鎮撫軍参謀であった山県有朋の莫逆の友、時山直八を討ち取っている。このときの苦戦と友、時山直八の死を慨嘆して山県が詠じた歌が残っている。

あだ守る砦のかがり火影ふけて夏も身にしむ越の山風

東北を転戦した後、ついに降伏となり、「朝敵たちの明治」の苦難を生きることとなる。その後、西南戦争で活躍し、薩軍討伐の最終戦を飾った陸軍少佐として、若い軍人たちに仰ぎ見られる存在になった。日清戦争における、樊家台の戦いでの勝利は、野津道貫中将をして「立見少将は東洋一の用兵家だ」と言わしめ、アメリカの新聞「ニューヨーク・ヘラルド」は、立見を「日本随一の戦術家」と呼んだ。

第二主題　黒溝台の戦い

そして、ついに日露戦争における黒溝台の戦いということになる。この黒溝台の激戦については、『坂の上の雲』に拠ろう（「黒溝台」の章）。次のようなくだりがある。

第八師団は師団司令部が弘前にある。その兵は青森、秋田、山形、岩手の四県の出身者であり、熊本の第六師団とともに陸軍最強の師団とされている。師団長は、最古参の中将の立見尚文であり、立見は幕末、桑名藩の洋式歩兵の隊長として幕府瓦解後も旧幕府のために各地に転戦し、とくに北越戦争では長岡藩と連合して薩長軍をしばしば潰走させ、その存在を官軍からおそれられた人物であることは、すでに述べた。（略）

立見師団の二万の兵が、夜間、飛雪のなかを不眠で急行軍したというのは、東北の現役兵の体力をほとんど記録的なかたちで示した。ひとりの落伍兵もなかったのである。

これをひきいる立見尚文は、このとき六十一歳であり、現役中将の最古参であった。彼は外套のえりを立て、帽子を目深にかぶり、息で凍りつくヒゲをたえず払いながら進んだ。ときどき馬から降りて徒歩で進んだのは、馬に乗りっぱなしであると、血液の循環がわるくなり、靴の中の足が凍るおそれがあるからであった。

「おれは戊辰戦争の賊軍だった」

ということが、屈折した意味で誇りであったこの老将は、みずからの長い戦歴をかえりみてこのときほどつらい行軍はなかったであろう。（略）

この稿は、戦闘描写をするのが目的ではなく、新興国家時代の日本人のある種の能力もしくはある種の精神の状態について、そぞろながらも考えてゆくのが、いわば主題といえば主題といえる。

しかし、黒溝台会戦の戦闘経過の惨烈をつぶさにみてゆくと、かれら東北の若者たちが全日本軍をその大崩壊から救ったその動態のひとつひとつを記述したいという衝動をおさえきれない。


この「衝動をおさえきれない」という心が、司馬遼太郎という作家の精神の、あえていえば美しさを保証している、「夜間、飛雪のなかを不眠で急行軍し」「ひとりの落伍兵もなかった」「かれら東北の若者たち」の黒溝台会戦で示した武勇というものを思うとき、かれらもまた「非凡なる凡人」であったという賛嘆の気持ちを「おさえきれない」のである。そして、日露戦争後、弘前では永く「軍神」として語られていたということを書いている。

第八師団、つまり通称立見師団といわれる弘前師団は、熊本の第六師団とならんで日本最強の師団とされてきた。その師団の故郷である弘前にあっては、戦後、冬のいろり端で語られることといえば、この黒溝台の惨戦の話であり、さらにはかれらの生き残りの兵卒たちはひとりとして師団長立見尚文をほめない者はなく、あの人がいたから勝ったということが、それらの回顧談のしめくくりのようになっていた。立見尚文が弘前では永く「軍神」として慕われていたということを、筆者はこのくだりを調べているときに知った。

が、歴史というものは、歴史そのものが一個のジャーナリズムである面をもっている。立見尚文は東北のいろり端でこそ「軍神」であったが、他の地方ではほとんど知られていない。

そして、これに続けて司馬は、「軍神」乃木希典と立見尚文を比べて、「突如妙なこと」を書いている。

突如妙なことをいうようだが、林屋辰三郎氏の表現を拝借すると、歴史上の人物で宣伝機関をもっていたひとが高名になる。義経は「義経記」をもち、楠木正成は「太平記」をもち、豊臣秀吉は「太閤記」をもつことによって、後世のひとびとの口に膾炙した。旅順における乃木希典は、最後の一時期にいたるまでは史上類のない敗将であり、その不幸な能力によって日本そのものを滅亡寸前にまで追いつめたひとであったが、戦後、伯爵にのぼり、貴族でありながら納豆売りの少年などに憐憫をかけるという、明治人にとって一大感動をよぶ美談によって浪曲や講釈の好材になり、あたかも「義経記」における義経に似たような幸運をもつことができた。

乃木希典はそういう点でめぐまれていたが、立見尚文は乃木のように長州閥の恩恵を過分に浴するということがまったくなく、何度かふれたように旧幕系の人であり、明治陸軍の中では孤独な存在であった。

右は、余談。

この「余談」は、しかし、重い内容を持っている。『坂の上の雲』の中でも、司馬の「余談」は、とても面白いものが多いが、この立見尚文をめぐっての「余談」は、特に考えさせるものである。ここには、司馬の乃木に対する気持ちがやはり出てしまっているとはいえ、この「余談」を読んで思うことは、後世における名声というもののあやふやさであり、逆に、歴史において真に偉大であった人を、正しく顕彰することの大事さである。

私が、前述した『坂の上の雲』と司馬遼太郎」(「文藝春秋」二〇〇九年十二月臨時増刊号)で、この歴史小説の登場人物の中で「私の好きな人物」を挙げよ、という企画に対して、立見尚文を選んだのには、実はこの「余談」が頭にあったからということもある。

幕末維新期を、土方歳三などの新選組、大鳥圭介、河井継之助、佐川官兵衛などといった面々とともに戦い、山県有朋などを翻弄した「日本随一の戦術家」は、日露戦争において、「最古参の中将」として出陣した。そして、黒溝台の会戦において、「第八師団は、師団の全滅を覚悟して黒溝台を夜襲すべし」という驚くべき決断をして、惨戦の末、勝利に導いたのである。立見は、戊辰戦争以来、「夜襲の名人」であった。

『闘将伝　小説立見尚文』には、次のように書かれている。

第二次大戦後、イギリスのチャーチル首相はこのような名言を吐いた。

「今次大戦は、イートン校の庭で勝たれた」

イギリスの勝利は、イートン・カレッジに代表される伝統のパブリック・スクールの教育の成果だ、という意味である。これを模していうならば、

「日露戦争は、黒溝台の戦いにおける立見師団の強襲につぐ強襲によって勝たれた」

のであった。

第一の変奏 『写真 日露戦争』

『写真 日露戦争』（小沢健志編、ちくま学芸文庫）は、いい本である。この写真集を見ていると、日露戦争がまざまざと感じられてくる。

例えば、「奉天ニ向ヒ前進中ノ歩兵第三十二連隊 明治38年（1905）3月10日午後5時40分 第二軍従軍斎藤次郎撮影」のような写真を見ていると、この「明治38年（1905）3月10日」という日にちだけではなく、「午後5時40分」という時刻までが、何か絶対的なものとして感じられてくる。この満洲の平原の遠くを、一

列に並んで行軍している兵隊たちの何と「荘厳」なことか。独歩の「非凡なる凡人」の主人公の仕事ぶりについて、「荘厳」という言葉が使われていたが、ここでもこの兵隊たちの整然たる行軍の姿は、「荘厳」である。この「連隊」は、「奉天」の会戦に向っているのである。間もなく、この兵隊たちは、戦闘に突入するのである。これが、「荘厳」でなくて何であろうか。

また、「前三道崗子（万宝山西南約二キロ半）ニ於ケル後備歩兵第三十四連隊ノ角面堡内ニ設立シタル仮包帯所　明治38年（1905）3月5日午後3時10分　森金周学撮影」を見ていると、「叙事唱歌　戦友」が聴こえて来るような気がする。

そして、この写真集の中で、やはり存在感があるのは、「二元帥六大将」であろう。文庫の説明文には、「奉天会戦の日本軍の勝利ののち、戦線視察のため山県有朋大本営参謀総長が満洲を訪れた。この写真は明治38年7月26日、大山巌満洲軍総司令官をはじめ各軍司令官たちが、山県を迎えて奉天城内に参集した際の写真である。『二元帥六大将』と呼ばれ、撮影者は小倉倹司である。」と書かれている。

写真には、左から黒木為楨第一軍司令官、野津道貫第四軍司令官、山県有朋、大山巌、奥保鞏第二軍司令官、乃木希典第三軍司令官、児玉源太郎満洲軍総参謀長、川村景明鴨緑江軍司令官である。二元帥は、もちろん山県と大山である。

この写真の八人の「明治」の日本人の顔を見ていると、『坂の上の雲』の中の大山巌の言葉を思い出す。「黄塵」の章には、次のように書かれている。

大山巌は満洲軍総司令官に親補せられるとそのあとすぐ海軍省にゆき、大臣室をたずねた。

「山本サン、報告に参りました」

と、この職についた旨を権兵衛に告げた。権兵衛はこの件についてあらかじめきいていたから、おどろかなかったが、

「しかし惜しい人事ですな」

と、率直にいったことは、あなたは東京にいるべきだ、出先は野津（道貫・第四軍司令官）を昇格させてまかせておけばよかった、ということであった。

「そりゃ、野津のほうがいいでしょう」

と、大山は率直にいった。大将野津道貫が戦争にかけては名人であるということは、おなじ薩摩人の大山は知りすぎるほど知っている。

「しかし軍司令官はみな豪傑でごわして」

と大山はいう。第一軍は黒木為楨、第二軍は奥保鞏、第三軍は乃木希典、第

四軍は野津道貫で、ことごとく幕末の風雲期に活動し、以来明治日本が経たあらゆる戦火をくぐってきた連中で、しかもそれぞれが同輩というにちかい。野津がもし総司令官になると、それぞれが我を張ってときにおさまりのつかぬことになるかもしれない。

「二元帥六大将」は、皆「戊辰戦争の生き残り」であったのである。ここで、「明治の精神」における台木と接木の譬えを思い出すならば、軍人もそうであった。戊辰戦争という台木に、明治になって西洋から取り入れた軍事知識が接木されたのである。大山巌は、日露戦争時も、大砲のことを「大筒」と呼んでいたという。

そして、彼らは「豪傑」であった。この写真を見ていると、このような「豪傑」がいたからこそ、日本軍は勝てたのだとつくづく思われることである。

第二の変奏　豪傑

「豪傑」といえば、中野重治の詩「豪傑」が思い出される。中野は、明治三十五年の生まれである。島木健作とは、一歳違いである。

豪傑

むかし豪傑というものがいた
彼は書物をよみ
嘘をつかず
みなりを気にせず
わざを磨くために飯を食わなかった
後ろ指をさされると腹を切った
恥ずかしい心が生じると腹を切った
かいしゃくは友達にして貰った
彼は銭をためる代りに溜めなかった
つらいという代りに敵を殺した
恩を感じると胸のなかにたたんで置いて
あとでその人のために敵を殺した
いくらでも殺した
それからおのれも死んだ

生きのびたものはみな白髪になった
白髪はまっ白であった
しわがふかく眉毛がながく
そして声がまだ遠くまで聞えた
彼は心を鍛えるために自分の心臓をふいごにした
そして種族の重いひき臼をしずかにまわした
重いひき臼をしずかにまわし
そしてやがて死んだ
そして人は　死んだ豪傑を　天の星から見わけることが出来なかった

このような「豪傑」は、また「古武士」とも言い換えることができるであろう。『坂の上の雲』の中で、秋山好古について、「秋山は最後の古武士だというのはかれの終生の一般的評価であった。」と書かれている。この「豪傑」、あるいは「古武士」の「明治人」たちは、日露戦争という「種族の重いひき臼」をそれぞれの持ち場において、「まわした」のである。

新渡戸稲造の『武士道』の最終章「武士道の将来」の最後はまさに次のように結

ばれている。

武士道は一の独立せる倫理の掟としては消ゆるかもしれない、しかしその力は地上より滅びないであろう。その武勇および文徳の教訓は体系としては毀《こわ》れるかもしれない。しかしその光明その栄光は、これらの廃址を越えて長く活くるであろう。その象徴とする花のごとく、四方の風に散りたる後もなおその香気をもって人生を豊富にし、人類を祝福するであろう。百世の後その習慣が葬られ、その名さえ忘らるる日到るとも、その香は、「路辺に立ちて眺めやれば」遠き彼方の見えざる丘から漂うて来るであろう。――この時かのクエイカー詩人の美しき言葉に歌えるごとく、

いずこよりか知らねど近き香気に、
感謝の心を旅人は抱き、
歩みを停め、帽を脱りて
空よりの祝福を受ける。

「明治の精神」を忘れない限り、武士道の香りは、日本人の魂に残るであろう。

第三の変奏　斎藤茂吉の短歌

ここで、私も「余談」を語るとするならば、近代日本の短歌における第一人者である斎藤茂吉の歌について触れたいと思う。そう言えば、中野重治の戦前の著作に、『斎藤茂吉ノオト』があった。

斎藤茂吉は、明治十五年、山形県南村山郡金瓶村に、農守谷伝右衛門の三男として生まれた。長兄に九歳年上の広吉がいた。山形県ということは、弘前師団である。広吉は、日露戦争では、立見尚文の弘前師団で戦ったのである。

茂吉は、第一歌集の『赤光』（大正二年十月刊行）によって、衝撃的な登場を果たしたが、この歌集には、明治三十八年からの短歌が収められている。

「改選版」の『赤光』は、制作年代順に並べられているが、冒頭の「自明治三十八年　至明治四十二年」の「I　折に触れ」には、次のような歌がある。

書よみて賢くなれと戦場のわが兄は銭を呉れたまひたり

戦場の兄よりとどきし銭もちて泣き居たりけり涙おちつつ

真夏日の畑のなかに我居りて戦ふ兄をおもひけるかな

はるばると母は戦《いくさ》を思ひたまふ桑の木の実の熟める畑に

「熊本の第六師団とならんで最強の師団とされてきた」弘前師団には、このような「兄」がいて、戦っていたのである。そして、東北の「桑の木の実の熟める畑」には、このような「母」が「はるばると戦を」「思」っていたのである。

この「母」が、「大正二年」の「7　死にたまふ母」の連作に歌われることになる。この中には、次のような絶唱が入っている。

我が母よ死にたまひゆく我が母よ我を生まし乳足《ちた》らひし母よ

のど赤き玄鳥《つばくらめ》ふたつ屋梁《はり》にゐて足乳根《たらちね》の母は死にたまふなり

茂吉は、後に昭和五年秋冬、南満洲鉄道株式会社から招かれて満洲を巡遊した。そのときに詠んだ歌は第八歌集『連山』に収めれている。旅順、南山、千山、北陵といった戦跡で歌を詠んでいるが、黒溝台と題して、次のような歌がある。

わが兄の戦ひたりしあとどころ蘇麻堡《そまほ》を過ぎてこころたかぶる

機関銃のおとをはじめて聞きたりし東北兵を吾はおもひつ

そして、第九歌集『石泉』には、「挽歌」として、「昭和六年十一月十三日長兄広吉歿。行年五十八。法号、旌忠院誉天阿雄心居士」の詞書の後、次のような歌が載っている。

うつせみのいのち絶えたるわが兄は黒溝台に生きのこれり

斎藤茂吉の短歌といえば、福田恆存が、「軍の独走について」という文章の中で、茂吉の歌「あが母の吾を生ましけむうらわかきかなしき力おもはざらめや」を引用し、芥川龍之介が「菲才なる僕も時々は僕を生んだ母の力を、――近代日本の『うらわかきかなしき力』を感じてゐる。」と書いていることに触れて、次のように書いている。

吾々は日本の近代化をさういふ風に見直し、龍之介の様に、今猶、明治の母の力を感じながら生きて行けないものでせうか。

明治という時代は、偉大であったが、その力は強大なものではなく、「うらわかきかなしき力」であった。そこから、明治の清潔と真の偉大さが生まれているのである。

第四の変奏　中原中也の「桑名の駅」

もう一つ、「余談」を書くならば、「桑名」という地名で、私がまず、思い出すのは中原中也の「桑名の駅」である。というよりも、これしか思い浮かべるものはない。「会桑」といわれ、会津藩と桑名藩は、つながっているのだが、会津藩の悲運は有名であり、私も会津若松の鶴ヶ城にも訪ねたことはあるが、桑名には行ったことはない。鶴ヶ城のような悲劇が桑名城にはなかったことにもよるであろう。会津には、『ある明治人の記録　会津人柴五郎の遺書』を書いた陸軍大将、柴五郎がいるし、政治小説『佳人之奇遇』の著者、柴四朗（東海散士）はその兄である。東京帝国大学の総長になった山川健次郎もいる。佐幕派として会津藩は、よく知られているが、桑名藩はあまり取り上げられることもない。桑名という地名も有名ではないし、立見尚文が、今日それほど知られていないのもやむを得ないところであろう。

私が、桑名という地名が印象つけられたのは、実は中原中也の「桑名の駅」なのである。

桑名の駅

この詩は、昭和十年八月に作られた「未発表詩篇」の一つで、こんな未発表の作品を知ったのは、河上徹太郎の名著『日本のアウトサイダー』の中の冒頭の章「中原中也」に引用されていたからである。中也自身が、詩の後に「此の夜、上京の途なりしが、京都大阪間の不通のため、臨時関西線を運転す」と注記している。

桑名の夜は暗かつた
蛙がコロコロ鳴いてゐた
夜更の駅には駅長が
綺麗な砂利を敷き詰めた
プラットフォームに只独り
ランプを持つて立つてゐた

桑名の夜は暗かつた
蛙がコロコロ泣いてゐた
焼蛤貝の桑名とは
此処のことかと思つたから
駅長さんに訊ねたら
さうだと云つて笑つてた

桑名の夜は暗かつた
蛙がコロコロ鳴いてゐた

大雨の、霽《あが》つたばかりのその夜は
風もなければ暗かつた

河上は、「昭和十年夏の作、旅情掬すべきものがある」と評している。「ここで駅長にものを聞く彼の表情は、実に髣髴としている。五尺に足らぬ身長にふさわしい小さな顔の、眼だけ丸く大きく精一杯のお愛想笑いをしているのだ。」とか「それは傲岸も卑屈も妥協もなしに、持ち前の素朴な感受性で世間とつき合おうとしている。何しろアウトサイダーの笑顔がそのまま市井の駅長さんに通じたのだ。」と書いているが、この河上の読みは、生前の中原を知っていることから、かえって自分の「アウトサイダー」的観点に引きつけ過ぎているように思われる。

私は、この「桑名の駅」に何か強く心惹かれるのである。集英社文庫の『汚れっちまつた悲しみに　中原中也詩集』を編集して、解説を書いたのは、もう四半世紀以上前の平成三年（一九九一）のことだが、あまり多くの作品を収録することができないという制約の中にあっても、この「桑名の駅」を入れたのも、深い愛着のためであった。

死の二年前のこの詩に流れている「暗」さは、独特である。「旅情掬すべきもの」

とは思われない。また、中原は、ここで、「お愛想笑い」をしていないのではないか。「笑つ」たのは「駅長さん」の方であって、中也ではないのである。「傲岸も卑屈も妥協もなしに、持ち前の素朴な感受性で」いることは、間違いないが、相手は、単なる「世間」ではないし、この「駅長さん」は、「市井の駅長さん」ではないように思われるからである。

三連からなる詩は、すべて「桑名の夜は暗かつた」で始まるのである。そして、最後の一行も「大雨の霽《あが》つたばかりのその夜は」を受けて、「風もなければ暗かつた」なのである。この短い詩に、「暗かつた」という表現が、四回も出てくるのは、異様である。「蛙がコロコロ鳴いてゐた」が、二回目にでてくるときは、「泣いてゐた」になっている。これは、「未発表詩篇」だからといって、単なる誤字だとは思われない。

そういえば、中原中也は、明治四十年に山口の湯田温泉に生まれた。当時、父は陸軍軍医として旅順にいた。山口中学に入学し、大正十二年に中退して、京都の立命館中学に編入するまで山口に育った。母親は吉敷毛利家の家臣の血筋だという。ということは、長州の人間ということであり、明治維新の歴史は当然親しみのあるものであり、桑名藩というものの悲劇も知っていたであろう。そして死の二年前、偶然「京都大阪間の不通のため」桑名駅に、中原中也という「持ち前の素朴な感受性」の詩人が出会うことになった。ここに、「偶然」以上の、何か神の計らいのようなものを感じる。

この「暗」い「桑名の夜」に、「プラットフォームに只独り／ランプを持つて立つてゐた」「駅長さん」とは、一体、何者であろうか。長州出身の「アウトサイダー」の「素朴な」問いに「さうだといつて笑つてた」この人物も、深い意味で「アウトサイダー」であったのではないか。この「笑」いの底に、「暗」い「夜」の底を流れるもののように、深い悲しみ、というか諦念のようなものが感じられる。この「笑」いの底で、この「駅長さん」は「泣いて」いるのではないか。この「駅長さん」は、桑名藩士の子孫に違いない。この「駅長さん」の立っている姿と笑いには、何か品の高さが感じられる。上級武士の家かもしれない。しかし、佐幕派の桑名藩の子孫は、今は、「駅長さん」をしているのである。

長州出身でありながら、近代日本の「アウトサイダー」として生きた男と佐幕派で初めから近代日本の「アウトサイダー」として生きざるを得なかった男が、ここで一瞬出会ってその心の底の悲しみを通わせたといったら、余りに「空想」に過ぎるであろうか。

立見尚文の栄光と悲劇には、この「桑名の駅」の「夜」の「暗」さが、遥かにつながっているように思われる。

第四楽章　明治の栄光

序奏　ざらざらした精神

代表的な「明治の精神」である内村鑑三について、私が一冊の本を上梓したのは、もう四半世紀以上前のことだが、その最後の章を「ざらざらした信仰」と題した。この著作を司馬遼太郎氏にお送りしたところ、お葉書をいただいた。私信ではあるが、ここに引用すると、そこには「すばらしい御本を頂戴しました。小生は内村鑑三にわずかながら関心をもちつづけて四十年になります。自分のなかの鑑三が、御本によってくっきりとした深まりを見せました。『ざらざらしている』という御表現も、感じのいいものでした。創始者のもの、本気でつくられたもの、懸命に考えられたものは、整理をへていないためにざらついています。」とあった。

「明治の精神」とは、「ざらざらしている」のである。明治という時代の「創始者」たちは、「ざらざらしている」。明治の人物は、「非凡なる凡人」たちは、「本気でつく」ろうとしているし、「懸命に考え」ているのである。

第一主題　「行くぞオーオ」の声

渡辺京二氏の「夢野久作の出自」という文章の中で、夢野久作の『近世快人伝』がとりあげられている。

『近世快人伝』は私の愛読書のひとつであるが、何度読んでも、そのたびにおもしろい。こんなおもしろさを無条件にありがたがってはならぬと承知しないではないが、おもしろいものはどうにもしかたがない。

こういう『近世快人伝』のような「怪作」を「何度読んでも、そのたびにおもしろい」と世の誤解を「承知」の上で告白するところに、渡辺氏の真骨頂がある。

私は作家夢野久作については何ものをもいう資格のない人間で、第一ろくに作品を読んでいない。というのはつまり、私が『あやかしの鼓』のような作品に何も感応しなかったということで、そういう私を彼にわずかにつないでいる一本の細い糸は、彼の作品世界のなかでは傍系に位置すべき、あの『近世快人伝』なのである。

私も「異色の幻想作家」とされる夢野久作には、ほとんど関心がなかったし、渡辺氏と同じく「第一ろくに作品を読んでいない」。しかし、渡辺氏の文章で『近世快人伝』の「おもしろさ」を教えられて、早速読んでみて、「おもしろい」というのに止まらず、「明治の精神」の最深の基層に触れるような気がした。

渡辺氏は、「私は『快人伝』に描かれた諸人物では、この奈良原到がいちばん好きである。」と書いているが、私もこの『近世快人伝』の中で、最も興味をひかれる人物は、奈良原到である。

夢野久作の『近世快人伝』は、ちくま文庫の『夢野久作全集』全十一巻の第十一巻に入っている。最終巻に収められているのは、やはり「傍系に位置」しているということであろう。この「怪作」は、『新青年』の昭和十年四月号から十月号まで、七回にわたって連載されたものだが、久作にとって宿命的な作品であったに違いない。久作が、四十七歳の若さで急死するのが、翌昭和十一年のことであるから、この作品を遺しておかなかったら、夢野久作の深い本質は隠れたままで終わったかもしれない。『新青年』の編集長、水谷準にあてた手紙の中で、「勿論他の創作と異り候間、稿料等一文も頂戴仕る所存無之」とあり、文庫の解説には、「久作みずから『新青年』に売り込んだものらしい」と書かれている。久作にとって、何としても書かねばならぬものがあったということであろう。

『近世快人伝』は、頭山満、杉山茂丸、奈良原到、篠崎仁三郎の四人の「快人」をとりあげているが、後半の奈良原、篠崎の章が、量的にも多いだけでなく、質的にも優れていると思われる。特に、奈良原の回には、「奈良原到像」と題して吉田貫三郎の筆になる挿絵が載っている。肖像画が掲載されているのは、奈良原到だけである。こんなところにも久作の奈良原に対する思いが一方ならぬものがあったと推測される。

奈良原到の回は、（上）（下）の二節に分けられているが、（上）の書き出しは、次のようである。

前掲の頭山、杉山両氏が、あまりにも有名なのに反して、両氏の親友で両氏以上の快人であった故奈良原到翁があまりにも有名でないのは悲しい事実である。のみならず同翁の死後と雖も、同翁の生涯を誹謗し、侮辱する人々が尠くないのは、更に更に情けない事実である。

奈良原到翁はその極端な清廉潔白と、過激に近い直情径行が世に容れられず、明治以後の現金主義な社会の生存競争場裡に忘却されて、窮死した志士である。つまり戦国時代と同様に滅亡した英雄の歴史は悪態に書かれる。劣敗者の死屍は土足にかけられ、唾せられても致方がないように考えられているようであるが、しかし斯様な人情の反覆の流行している現代は恥ずべき現代ではあるまいか。

これは筆者が故奈良原翁と特別に懇意であったから云うのではない。又は筆者の偏屈から云うのでもない。

志士としては成功、不成功なぞは徹頭徹尾問題にしていなかった翁の、徹底的に清廉、明快であった生涯に対して、今すこし幅広い寛容と、今すこし人間味の深い同情心とを以て、敬意を払い得る人の在りや無しやを問いたいために云うのである。

この冒頭の文章には、久作の「奈良原翁」に対する一方ならぬ「敬意」が感じられるであろう。それは、有名な『犬神博士』の中に、奈良原到を思わせる「玄洋社の大将」の「楢山到」という人物が出てくるところにも感じられる。この「楢山到」に肩車をされた主人公の「チイ少年」が「普通の人間がダシヌケにコンナ事をしかけたら、すぐ逃げ出すところであったが、この時に限って何だか有難いような、嬉しいような気持ちになったのは、返す返すも不思議であった。」と書いていることでもわかる。

久作の奈良原到に対する深い共感を思うとき、久作自身が生きた昭和初期から十年代の「現代」に対する久作の批判が、美的というよりも倫理的なものであることがわかるであろう。ここで、第一楽章の第三主題としてとりあげた「美と義」の問題を思い出してもいい。夢野久作は、明治二十二年の生れであり、この『近世快人伝』の二人目にとりあげた杉山茂丸の長男である。杉山茂丸は、言うまでもなく、玄洋社系の国家主義者であり、政界の黒幕であった。

夢野久作は、「美」としては「現代」とつき合ったが、「義」としては時代に激しく対立する精神の持ち主であった。それは、『街頭から見た新東京の裏面』『東京人の堕落時代』などにも強く感じられるであろう。夢野久作の矛盾と悲劇と短命は、そこに由来しているように思われる。この二作も、また「彼の作品世界のなかでは、傍系に位置すべき」作品であろう。しかし、私は、『近世快人伝』とともに、この二作を夢野久作の本質を表現した作品だと思っている。「異色の幻想作家」というレッテルが張られることは、久作にとってもとても不幸なことではなかろうか。例えば、ちくま文庫の『夢野久作全集』全十一巻のカバーはすべて、竹中英太郎の絵が使われているが、現代においてはこのような絵が喚起するイメージが久作という人物に持たれてしまっているのであろう。しかし、それは、久作の精神の「美」の面を象徴しているに過ぎないのである。久作が、「稿料」無しでも『近世快人伝』を書きたかった所以である。

（上）の節の中で語られる奈良原到の生涯の逸話のうちでクライマックスと思われるのは、武部小四郎の刑死であろう。西南戦争の直前の頃の話である。征韓論が破れて、西郷隆盛が帰国した。その頃、頭山、杉山、奈良原などの、十四五歳くらいの少年たちの先輩の筑前志士に武部小四郎がいた。

一方に盟主、武部小四郎は事敗れるや否や巧みに追補の網を潜って逃れた。香椎なぞでは泊っている宿へイキナリ踏込まれたので、すぐに脇差を取って懐中に突込み、裏口に在った笊を拾って海岸に出て、汐干狩の連中に紛れ込むなぞという際どい落付を見せて、とうとう大分まで逃げ延びた。ここまで来れば大丈夫。モウ一足で目指す薩摩の国境という処まで来ていたが、そこで思いもかけぬ福岡の健児社の少年連が無法にも投獄拷問されているという事実を風聞すると天を仰いで浩嘆した。万事休すというので直に踵《きびす》を返した。幾重にも張廻わしてある厳重を極めた警戒網を次から次に大手を振って突破して、一直線に福岡県庁に自首して出た時には、全県下の警察が舌を捲いて震駭したという。そこで武部小四郎は一切が自分の一存で決定したことである。健児社の連中は一人も謀議に参与していない事を明弁し、やはり兵営内に在る別棟の獄舎に繋がれた。

健児社の連中は、広い営庭の遥か向うの獄舎に武部先生が繋がれている事をどこからともなく聞き知った。多分獄吏の中の誰かが、健気な少年連の態度に心を動かして同情していたのであろう。武部先生が、わざわざ大分から引返して来て、縛に就かれた前後の事情を聞き伝えると同時に「事敗れて後に天下の成行を監視する責任は、お前達少年の双肩に在るのだぞ」と訓戒された、その精神を実現せしむべく武部先生が、死を決して自分達を救いに御座ったものである事を皆、無言の裡に察知したのであった。

その翌日から、同じ獄舎に繋がれている少年連は、朝眼が醒めると直ぐに、その方向に向って礼拝した。「先生。お早よう御座います」と口の中で云っていたが、そのうちに武部先生が一切の罪を負って斬られさっしゃる……俺達はお蔭で助かる……という事実がハッキリわかると、流石に眠る者が一人もなくなった。毎日毎晩、今か今かとその時期を待っているうちに或る朝の事、霜の真白い、月の白い営庭の向うの獄舎へ提灯が近付いてゴトゴト人声がし始めたので、素破《すわ》こそと皆蹶起《けっき》して正座し、その方向に向って両手を支えた。メソメソと泣出した少年も居た。

そのうちに四五人の人影が固まって向うの獄舎から出て来て広場の真中あたりまで来たと思うと、その中でも武部先生らしい一人がピッタリと立佇まって四方を見まわした。少年連のいる獄舎の位置を心探しにしている様子であったが、忽ち雄獅子の吼えるような颯爽たる声で、天も響けと絶叫した。

「行くぞオォ――――オオオ――――」

健児社の健児十六名。思わず獄舎の床に平伏して顔を上げ得なかった。オイオイ声を立てて泣出した者も在ったという。

「あれが先生の声の聞き納めじゃったが、今でも骨の髄まで沁み透っていて、忘れようにも忘れられん。あの声は今日まで自分《わし》の臓腑《はらわた》の腐り止めになっている。貧乏というものは辛労《きつ》いもので、妻子が飢え死によるのを見ると気に入らん奴の世話にでもなりとうなるものじゃ。藩閥の犬畜生にでも頭を下げに行かねば遣り切れんようになるものじゃが、そげな時に、あの月と霜に冴え渡った爽快な声を思い出すと、腸がグルグルとデングリ返って来る。何もかも要らん『行くぞオ』という気もちになる。貧乏が愉快になって来る。先生……先生と思うてなあ……」

と云ううちに奈良原翁の巨大な両眼から、熱い涙がポタポタと滾《こぼ》れ落ちるのを筆者はみた。

奈良原少年の腸《はらわた》は、武部先生の「行くぞオーオ」を聞いて以来、死ぬが死ぬまで腐らなかった。

中野重治の詩「豪傑」を思い出すならば、武部小四郎という幕末維新期の志士も、また一人の「豪傑」であったと言えるであろう。このような「豪傑」を輩出したのが、幕末維新期の日本人の精神の輝きであった。そして、維新後に生き残り、明治の時代を創り上げた人々は、皆、それぞれの時と場において、この「行くぞオーオ」の声を、先輩あるいは同輩から聞いたのである。それが、明治という時代、あるいは「明治の精神」の「腸」が「腐らなかった」所以なのである。そして、この声が、「颯爽たる声」であったことが、明治という時代が悲劇的な時代であったとしても、「颯爽たる」悲劇であった所以である。それは、決して陰々たる、あるいは鬱々たる時代ではなかった。長調の時代ではなく、短調の時代であったが、それは、ベートーヴェンの交響曲第五番「運命」のように、あるいは、私が範をとっているブラームスの交響曲第一番のように、ハ短調で鳴り響くのである。

最も「腸」が「腐らなかった」人物としては、乃木希典を挙げられるであろう。橋川文三の「乃木伝説の思想」は、乃木希典の精神の深奥を抉り取った日本思想史研究の傑作であるが、その中に、次のように書かれている。

慶応二年、十八歳の乃木は山砲一門を率いて小倉表に転戦した。豪快な高杉晋作の指揮ぶりもそこで見たし、山県有朋、会田春介らは直接の指揮官でもあった。

そして、この文章には、次のような注が付されている。

その後十年、乃木は熊本鎮台歩兵第十四聯隊長心得として小倉に赴任し、徳力村の古戦場を訪れ、高杉以下の先輩、戦友を偲んでいる。その情景と回想は乃木の日記のうちもっとも美しい部分をなしている。「（前略）午後騎シテ野外ニ逍遥シ徳力村ニ至ル。是我ガ古戦場ナリ。満郊ノ菜花処々紫雲花ヲ交エ、緑麦之青眼ヲ宜シ、四山梓《ハジ》木之処々点々白ク、昔日銃煙ヲ放ツ者ノ如ク、林背離後桜樹ノ爛漫タルハ、我率ユル山戦砲ヲ発シテ焔煙ノ起ルニ似ル。昔日高杉・福田・熊野・下田・千葉諸氏ノ今無キ所ヲ憶、余今日一聯隊ノ長トナル、実ニ諸氏ノ教育ニ依ルト雖モ、亦此春野ニ轡ヲ並ベテ行話スルヲ得ズ。独リ馬ヲ留メテ感ニ不堪。高杉君ノ箕望セル処、福田君ノ我ヲ揮ク処、余刀傷ヲ蒙リシ処等ヲ看過シ、云々」（明治九年四月十六日の日記）これは、ほとんど一つの生涯をおわったもののいだく感慨にちかい。福沢諭吉ではないが、「一身にして二生を経」たる者の痛烈な人間論がこの抒情の背景にはこめられている。乃木における「死者」の意味は、その後幾多の戦乱をへて、ますます大きくかれの存在、論に作用してゆく。

この「死者」たちは、皆、「行くぞオ——オ」という「颯爽たる声」を発したのである。日露戦争で奮闘した戊辰戦争の生き残りの豪傑たちは、皆、この「声」を聞いた人間たちであった。

このような「声」を最も早く忘れたように思われる山県有朋でさえ、北越戦争で、立見尚文によって莫逆の友、時山直八を喪ったとき、この「声」を聞いたに違いない。この「声」は、明治という時代を貫いたのであり、石川啄木の「かの蒼空」には、この「天」に響いた「絶叫」の余響が微かに聴こえるようにも感じられるのである。渡辺氏は、次のようなことも書いている。

奈良原は狷介不羈の性格と、かつての同志の腐敗堕落へのはげしい直言のせいで、玄洋社中でもつまはじきにされ、落魄の生涯をおくったのだが、久作はそういう奈良原の志士的な殺気を、一種の日本的ピューリタニズムと読みかえていたのである。久作はこの爺さまの供をして汽車の旅をしたとき、二等切符を買ってどなりつけられた。「吾々のような人間が、国家に何の功労があれば中等に乗るかいな」。これを思想ととれば、文句のつけようにはこと欠かぬ。だが、これは奈良原老人の生の位相にかかわる言葉であって、国家主義的なねじれを捲きもどせば、そこに現出するのは明治成功社会と対決せずんばやまぬ志士的ピューリタニズムなのである。

吉田松陰は、「日本的ピューリタニズム」の典型的な徒であると言えよう。松陰と同じく、玉木文之進の厳しい薫陶を受けた乃木希典も、「日本的ピューリタニズム」の苛烈な徒なのである。「明治の精神」の代表者、内村鑑三は、「日本的ピューリタニズム」の徒以外の何者でもない。小林秀雄は、「僕は乃木将軍という人は、内村鑑三などと同じ性質の、明治が生んだ一番純粋な痛烈な理想家の典型だと思っています」と評した。

明治が偉大なのは、「明治成功社会」の文明開化を達成したからではない。「日本的ピューリタニズム」の「純粋な痛烈な理想」に貫かれていたが故に、明治は偉大なのである。

第二主題　明治天皇

大佛次郎の『天皇の世紀』は、幕末維新期の歴史を考えるにあたって、必読とも言える歴史叙述の書であるが、現在、文春文庫に全十二巻で入っている。昭和四十二年、明治百年を記念して書き出された、この大作も昭和四十八年の作者の死により未完で終っている。しかし、歴史叙述というものは、未完で終っていいものかもしれない。人間が、歴史を書くということは、何かをついに書ききれないというところに秘密があるかもしれないからである。この大作は、また「硬文学」の傑作と言うこともできよう。

『天皇の世紀』の書き出しの章「序の巻」は、作者の大佛次郎が、京都御所を訪ねる場面から始まっているが、「今日、幕末の公卿屋敷は、京都御所の御苑となって、人間は住まず、美しい樹林となっている。昔の面影など跡かたなく、なくなった。ただ一棟、明治天皇がお生れになった旧中山大納言の屋敷の敷地と質素な産殿の建物だけが板塀にかこまれて、御苑の北側に記念を留めていた。」と書いた後、次のように続けている。

中山大納言の邸のあとは、柵をめぐらして門の戸に錠が掛けてある。いつもになく歩いた後で、広い御苑内を戻って、門をあけてもらうように交渉するのも、おっくうで、柵について回って、せめてかいま見て帰ろうとした。

平凡な瓦屋根で、いかにも質素な小さな家が一棟残っている。東側に濡縁をつけて欄干を添えてある。これが御産所の保存されているもので、雨戸を閉ざして、冬曇りの光の中に、ひっそりとしてわびしい。これは庭が一面の落葉で埋もれて、庭木も枝が伸び放題に荒れているように見えたので、よけい荒涼とした空屋の観を深めた。

黒く塗った垣根が隙間をあけて板を並べたものなので、家の西側の裏手へ回ると台所口らしいところに方形の石の井戸が見えた。

明治天皇の幼名に結びついている祐井《さちのい》がこれかと思われた。水があるのかないのか井戸わくの内側から冬青々と羊歯《しだ》の葉が伸びている。その他は荒れた落葉の庭だけである。鉄条網をまたぎ垣について一周する間に、私たちのズボンは払っても落ちにくい草の実だらけになった。

ホテルに帰ってから私は、邸内に入らなかったのが怠慢だったようで、考え直して、次の日また出かけて見ることに決め、閉めてある門をあけて頂くよう交渉してもらった。これは宮内庁の管理でなく、御苑なので厚生省の係である。禁裏をめぐる築地の外を流れる水のきれいな溝を境界とし内側の石と、外側の石とで管轄が分れ、石橋は宮内庁と区分が定めてある。次の朝の十時に行く約束となった。

出直したのがよかった。祐井は昨日かいま見た裏手の石井戸ではなく、門を入って、ななめ正面の枝の繁みの中に隠れていて、昨日はそこに井戸があるとは見えなかったのだ。厳重な角材の井戸の蓋の上に大きな枝が倒れ折れて、おおいかぶさっていた。井の脇に青石の碑が立ててあって、由来を記してある。これは明治天皇の産湯に使った井戸でなく、御誕生の二年後に大ひでりがあって都人が苦しんだ時に、中山邸でも困って新しく井戸を掘ったら三丈数尺かの深さで、きれいな水がこんこんとわき出て、日に八十数人で使って水がかれることがなかった。皇子のために奇跡のようにわき出た水と信じて、祐井と呼ぶことにした。天皇の産湯は鴨川の出町橋の上流の水をくんで来て用いた。陰陽頭土御門晴雄の勘文に依るものだが、祐井の水も若い皇子ののどをうるおしたものに違いなかろう。

御産所の建物は、内縁側を東と南につけて十畳と六畳の二間である。東側に床の間をつけてあり、十畳間の西側は長い戸棚である。裏手にお湯殿があったはずだが、今は残っていない。前の日私が外から見かけた羊歯の葉が繁った石の井戸は、台所用のものだったろう。つるべ綱を掛けてあった鉤が残っている。この井戸も、のぞいてみるとかなり深い。羊歯の葉は井戸わくの石の隙間から生い出たものである。

御産所は二間とも畳をはずしてあったし、襖の類もどこかに片付けてあって見当らない。外から見ても荒れている感じだったが、屋内に立つと畳も襖もなく、裸でほこりっぽく乾いているのが心苦しくさえ思われた。番人がないので、戦後に人が入って釘隠しの金具や襖の引手をはがして持ち去った。いつも畳を敷いておかないのも、浮浪人などが由緒も知らずに入って寝る危険があるからだそうで、明治と言う大きなエポックの主柱となった天皇の誕生された部屋とは考えられないくらいである。月に数回の掃除に、雨戸をあけ風と陽を迎え板床のほこりを払う。それ以上に、もっと別の保存の方法がありそうに思われる。

この「考え直して」、「出直」すに至った経緯には、何か大佛次郎が「歴史」から呼び出されたかのような感触がある。

大佛次郎の言うように、明治天皇は「明治と言う大きなエポックの主柱となった」存在であった。この明治天皇の誕生された「御産所」の描写は、明治という時代の苦難を象徴しているように思われる。第三楽章で引用した、斎藤茂吉の「あが母の吾を生ましけむうらわかきかなしき力おもはざらめや」が心に浮かぶであろう。その短歌とともに、この短歌に関連して、芥川龍之介が、近代日本の「うらわかきかなしき力」といったことにも思いが至るであろう。

明治という時代の「主柱」であった明治天皇の御誕生には、このような「うらわかきかなしき力」が静かに響いている。

大竹秀一氏の『天皇の学校　昭和の帝王学と高輪御学問所』（ちくま文庫）は、皇太子裕仁親王（昭和天皇）の帝王教育のために作られた学校のことを書いた作品であり、その「高輪御学問所」で「倫理」を担当した杉浦重剛をめぐって、次のようなエピソードが書かれている。


生徒時代の杉浦を語るエピソードとして、もうひとつ欠かせないのが、明治六年十月の御前講演である。

このころ、大学南校は開成学校と改称され、神田錦町にペンキ塗りの新校舎ができた。その開校式の日、明治天皇をお迎えして、優秀な生徒が日ごろの学業の成果をお目にかけることになった。選ばれた生徒は文科系三人、理科系三人。理科系の一人に杉浦が指名された。

御前講演といっても、理科系は理化学の実験をお目にかけるのである。講堂の正面に明治天皇が着席され、周囲には三条実美はじめ参議など供奉の顕官たちがぎっしりつめかけていた。

杉浦ら三人は慎重に実験にとりかかったものの、さすがに緊張のあまり、だれかの手元が狂って、アンモニアをひっくり返してしまった。このため会場に猛烈な臭気がたちこめて、列席のおえら方もくしゃみを連発するやら、むせるやら、あわてて窓を開けるなど、一時は大騒ぎになった。

杉浦らは身の縮む思いだったが、明治天皇はそんな騒ぎのなかで少しもあわてたご様子がなく、アンモニアのにおいが漂うなかで泰然と姿勢を崩されなかったという。

杉浦には、このときの明治天皇の泰然として動じないお姿が強く印象づけられたと見えて、のちに東宮御学問所で「倫理」を進講することになったとき、裕仁親王に対し、学校時代の思い出として披露している。

明治天皇は、「明治と言う大きなエポックの主柱」であり、「泰然として動じない」存在であったのである。国家の中心に、このような「泰然として動じない」ものがあるかどうかが、その国家の命運を左右するのである。

それは、例えば日露戦争において、戦争の行方を左右する危機的な状況において、明治天皇は、「泰然として動じな」かった。

『坂の上の雲』の「旅順総攻撃」の章の中では、次のように書かれている。

ところがこの師団の幸運は、旅順にゆくことをまぬかれたことであった。この師団が大阪で待機中、どこへやるべきかについて大本営と現地軍の児玉源太郎とのあいだに十数回の電報往復があり、児玉がついに、

——大本営にまかせる。

ということで落着したが、大本営でも決定できず、ついに明治帝の決断を乞うた。その決断は九月二十七日におこなわれた。

「北進させよ」

ということであった。北進とは、満洲平野でつかうということであり、旅順には使用しないということであった。

この師団は、戊辰戦争においていわゆる賊軍側（桑名藩）の士官として官軍の将山県有朋もさんざんに悩ました中将立見尚文がひきいていた。立見は、天才の野戦指揮官で、弘前師団だけでなく、立見個人が戦場にあらわれるというだけで大きな戦力であるといわれていた。

かれらは大阪から海上輸送され、やがて戦場についたときは遼陽戦はおわっていた。しかし沙河戦末期にかろうじて参加しえた。沙河戦でこの弘前師団が参加したというのはこの作戦の勝利の要因のひとつになった。児玉は大本営に

対し、
「聖断ノ明ニ感激スル所ナリ」
と、異例の電報を打ったほどであった。

明治天皇の「聖断ノ明」によって、明治と時代は支えられていたのである。「泰然として動じない」存在だったからである。

第一の変奏　神武天皇

平成二十七年の四月から上野の東京藝術大学美術館で開催された「ダブル・インパクト　明治ニッポンの美」と題された展覧会に、竹内久一の制作した「神武天皇立像」が出品されていた。展覧会のカタログの解説文によれば、明治二十二年に新聞『日本』紙上で、「日本歴史上人物の絵画若くは彫刻懸賞募集」が告知されて、彫刻部門では「神武天皇御像」「護良親王像」「楠木正成像」を主題とする作品が公募されたという。

新聞『日本』は、明治新聞界の巨峰・陸羯南《くがかつなん》が主筆兼社長となってこの年に創刊された。さすが、明治の傑出したナショナリスト・羯南らしい企画であると言っていい。明治二十二年と言えば、二月十一日の紀元節に大日本帝国憲法が公布された年であり、そのような時代の気運を象徴しているのであろう。その懸賞の入選作がこの神武天皇立像であり、第三回内国勧業博覧会にも出品されて、妙技二等を受賞した。

明治の彫刻家としては高村高雲はよく知られているであろうが、竹内久一はほとんど忘れられている。ここにも、信時潔と山田耕筰に見られた、「戦後民主主義」における日本人の教養の偏向の問題があらわれているように思われる。

カタログの解説文に掲載された作家略歴によれば、竹内久一は、安政四年（一八五七）に江戸に生まれ、大正五年（一九一六）に五十九歳で死去している。はじめ牙彫を学んだが二十三歳のとき、第一回観古美術会に出品された興福寺の古仏に感銘を受け木彫を志した。二十五歳からは奈良に滞在して古美術研究を行い、フェノロサ、岡倉天心の知遇を得た。東京美術学校が開校されると、その教師となり、没するまで務めた。仏像の模造の他、自作の木彫も多く残した。この「神武天皇立像」は代表作であり、竹内自身が明治天皇の「御真影」をもとに制作したと述べている。

一方の高村高雲も似たような経歴であるが、今日、高雲の方がよく知られているのは、息子が詩人・彫刻家の高村光太郎であることにもよるであろう。また、上野の西郷隆盛像の作者であることも大きいかもしれない。それに対して竹内久一は、神武天皇である。これが「戦後民主主義」の風潮の中で、逆風を受けないはずがない。事実、この「神武天皇立像」という作品がこのような大きな展覧会で展示されるのは、戦後初めてのことではないかと思われる。そのように思わせるのは、この「神武天皇立像」のカタログに載っている写真を見ると、左手に持っていた弓がなくなっているからである。展覧会で展示されている立像には、この弓が修復されている。このことは、この忘れられた立像の保存における不遇さを推測させるのである。

いずれにせよ、この竹内久一の「神武天皇立像」は、明治という時代における一傑作であることは間違いない。そして、竹内が、「神武天皇立像」を作るにあたって、明治天皇の「御真影」をもとにしたと語っていることは、極めて重要なことである。これは、明治天皇が、神武天皇に比すべき天皇ととらえられていたということであり、明治という時代が、日本の歴史にとって、神武創業の壮挙にも譬えるべき偉大な時代であったことを示しているとも言えよう。

第二の変奏　明治天皇六大巡幸

平成二十五年の秋、明治神宮宝物展示室で、第二回「明治天皇六大巡幸展」が開催された。明治天皇百年祭記念として、前の年に第一回として前編が開かれたのに続いて、この年は続編の第二回が展示された。

「六大巡幸」とは、廃藩置県の翌年の明治五年に実施された九州・西国巡幸から始まり、二番目が明治九年の東北・北海道巡幸、三番目が明治十一年の北陸・東海道巡幸、四番目が明治十三年の甲州・東山道巡幸。五番目が明治十四年の山形・秋田・北海道巡幸、六番目が明治十八年の山口・広島・岡山巡幸と続いた一連の巡幸を指す。

巡幸実施の契機について、図録の解説には、参議西郷隆盛の強い影響があったと考えるのが妥当であると書かれているが、恐らくそうであろう。この壮大な事業の発案は、、さすが西郷南洲と言わざるを得ない。

前編では、三回までの巡幸がとりあげられ、今回の後編は、四回から六回までの巡幸が展示された。展示されている資料や絵画、あるいは写真は、それぞれとても興味深いものだったが、第一回と第二回の図録をあれこれ眺めていて、最も心を打たれた写真があった。

それは、第一回の九州・西国巡幸の際、三重県の鳥羽港で撮られたものである。この最初の巡幸は後の五回と違い、海路を多く使うものであり、品川沖を発した巡幸の艦隊は、御召艦を中心に計七艦を主とする編成であった。この艦隊が、横須賀の金田湾を出て、鳥羽湾に入った。そして、伊勢神宮を御参拝になった。

図録に「志州鳥羽浦」という題で載っている写真は、「志州（志摩国、現三重県）」の鳥羽港に投錨した艦隊の写真であり、構図がすばらしく、見る者の精神に何物かを喚起する力が籠っている。手前に大きく、まだ丁髷姿の見物人を十人くらい乗せた猪牙舟が岩陰から湾に突き出ている。背中を見せた庶民が眺めている視線の先には、陸地を背景にこの浦に出現した艦隊が三本の高いマストを立てて遥かに浮かんでいる。

写真からは、明治という国家がこの日本という土地に生まれつつある、いわば国家の萌芽のようなものが生き生きと感じられる。『坂の上の雲』の有名な書き出し「まことに小さな国が、開化期をむかえようとしている。」が思い出される。写真師・内田九一の天才が感じられるこの写真が、第一回の図録の表紙に使われたのも頷ける。この写真、あえていえば黙示的な写真によって、明治天皇の巡幸が、あるいは日本の近代の出発が、国民の精神にとって何であったかがわかって来るようである。

第二回の展示で、特に眼をひいたのは、山形・秋田・北海道の巡幸のところに掛けてあった、高橋由一の筆による二枚の油絵「栗子山隧道図（西洞門）」と「最上川舟行」であった。展示してある絵画には、日本画も多くあったが、そういう日本画の隣に、「鮭」で有名な日本の最初の洋画家、高橋由一の洋画が並んでいるのも、実に明治的である。

「栗子山隧道（西洞門）」の方の解説には、「栗子山隧道を通過する際に明治天皇はトンネルの開通式に立ち会われた。この絵画は開通式後の御昼餐所に掲げられ、天覧された折にお買い上げになられたものである。」と書かれている。日本画ではなく、高橋由一の洋画をお買い上げになられたことも、明治天皇の行為として象徴的なのである。

明治十三年の甲州・東山道巡幸では、島崎藤村の幕末維新期を描いた大作『夜明け前』の中の叙述を思い出す。小林秀雄は、この傑作について「これを書いたものは日本人だという、ある絶対的な性格がこの小説にはある」と喝破し、「感服したのは、作者が日本という国に抱いている深い愛情が全篇に溢れている事」だと書いた。たしかに、島崎藤村が、自分の父、島崎正樹を主人公の青山半蔵として描いたこの大作は、明治維新を考えるに際して、必読の作品である。

その中に、次のように巡幸のことが書かれている。これは、前述した内田九一の写真の解説ともなるであろう。

その年は木曽地方の人民に取って記念すべき年であった。帝には東山道の御巡幸を仰せ出され、木曽路の御通過は来る六月下旬の若葉の頃と定められたからであった。

この御巡幸は、帝としては地方を巡らせ給う最初の時でもなかったが、これまで信濃の国の山々も親しくは叡覧のなかったのに、初めて木曽川の流るるのを御覧になったら、西南戦争当時なぞの御心労は言うまでもなく、時の難さにさまざまのことを思し召されるであろうと、先ずそれが半蔵の胸に来る。あの山城の皇居を海に近い武蔵の東京に遷し、新しい都を建てられた当初の御志に変りなく、従来深い玉簾の内にのみ籠らせられた旧習をも打ち破られ、帝自らかく国々に御幸し給い、簡易軽便を本として万民を撫育せられることは、彼にはありがたかった。封建君主のごときものと聞く欧羅巴の帝王が行うところとは違って、この国の君道の床しさも彼には想い当った。今度の御巡幸について地方官に諭された趣旨も、親しく地方の民情を知し召されたいのであって、百般の事務が形容虚飾にわたっては聖旨に戻るから、厚く人民の迷惑にならないよう取り計うことが肝要であると仰せられ、道路橋梁等の止むを得ない部分はあるいは補修を加うることがあろうとも、素より官費に属することで決して人民に難儀をかけまいぞと仰せられ、大臣以下供奉の館員が旅宿は殊更に補修を加うるに及ばず、需要の物品もなるべく有合せを用いよと仰せ出されたほどであった。

この巡幸に先立って、「臣民は誰でも詩歌の類を献上することは差し許された」ので、青山半蔵は、長歌を寄せたのであった。小説の中には、藤村は、その父の長歌を全文引用している。そして、巡幸の様子は、次のように書かれている。

御順路の日割によると、六月二十六日鳥居峠御野立、藪原及び宮の越御小休、木曽福島御一泊。二十七日桟御野立、寝覚御小休、三留野御一泊。二十八日妻籠御小休、峠御野立、それから馬籠御昼食とある。帝が群臣を従えてこの辺鄙な山里をも歴訪せらるるすずしい光景は、街道を通して手に取るように伝わって来た。

藤村は、「すずしい光景」という印象的な表現をしている。「すずしい」とは、澄んでいてすがすがしいという意味であり、明治という時代は、本質的に「すずしい」時代だったのである。そして、「明治の精神」とは、「すずしい」精神なのである。

今から、五年前に桶谷秀昭氏との対談をまとめた『歴史精神の再建――明治・大正・昭和』を出版したが、その中で、桶谷氏の次のような発言が印象に残った。

明治天皇は乃木が訪ねてくると足音でわかったらしいね。「ああ、乃木だ」と。そういう関係なんだね。

「足音でわか」る、これこそ明治という時代の象徴である。こういう「関係」が「明治の精神」の根幹なのである。鳥羽湾の写真にも、『夜明け前』の藤村の描写にも、この「足音」が聴こえる。そして、明治という時代は、日本人の精神の「足音」が、聴こえる、とても人間的な時代であったとも言えるであろう。

『坂の上の雲』の「旅順総攻撃」の章には、次のような記述がある。

明治帝には、人物の好みがあって、西郷隆盛や山岡鉄舟、乃木希典という木強武士肌の人物がすきで、山県有朋のような策謀家はきらいだったらしい。

明治帝が、このような人物に対する評価を持っていたことが、明治という時代の倫理的な高さ、いわば精神の丈《たけ》の高さを維持するのに大きな役割を果たしたに違いない。

コーダ　明治の終焉

明治の終焉については、夏目漱石の『こころ』の一節などがよく知られているが、ここでは石光真清の手記四部作の三、『望郷の歌』の末尾を引用したいと思う。石光真清は、明治から大正にかけて、満洲やシベリアでの諜報活動に従事した軍人であるが、『城下の人』『曠野の花』『望郷の歌』『誰のために』の四部作は、歴史に残る傑作と言っていい。この末尾の文章は、まさにコーダとして、明治の終焉を歌いあげるであろう。

明治四十五年七月二十日、鈴の音もけたたましく号外売りが呼び走り、全国民は愕然として襟を正した。

「午前十時三十分宮内省発表
聖上陛下には去十四日より御腹胃に少しく御故障あらせられ十五日より少しく御嗜眠の傾きあり。十八日より御睡眠一層加わり御食気も段々減少し来たり十八日午後より聊か精神御恍惚の御状態にて御脳症あらせられ、十九日夕方に至り突然御発熱あり、御体温四〇度五分に昇り御脈百〇四御呼吸三十八に渡らせらる」

この号外の通りだとすれば危篤である。近侍の話として伝えられるところによれば、

「陛下は十八日まで御学問所で政務をとられたが十九日に至って奥の御座所に引籠られ御気分勝れさせ給わぬように拝した。夜の十時頃まで皇后陛下とお話をしておられたが同夜からお熱が高くなった」

ということである。前年のことであった。私の家からはほど近い近衛騎兵連隊にお成りの際、営門前に堵列してお迎えしたことがあった。温容に白髯を長く垂らされ、背を丸くして前かがみにとぼとぼ歩まれるお姿を拝して、私はつく

づく明治という時代の老成を感じた。私が士官学校を出てから中尉の頃まで近衛連隊に配属され、宮中詰を命ぜられて御座所近くに起居し、両陛下にお目にかかる機会が多かったが、その頃は強いご気性が太い眉宇の間に漲り、国家の運命を双肩に担う気魄をお持ちであった。私が宮中詰をしてからだけでも、多くの国難が陛下を悩ました。大津事件、朝鮮の内乱、日清戦争、北清事変、ロシアの満洲占領、日露戦争等々……いずれも国運を賭ける大事件であった。官軍民いずこにも多くの人材を擁し、じっと堪えて多数の意見を聴き、熟慮し、再考し、決断し、そして辛抱強く実践される真摯なお姿には、誰一人として心打たれぬ者はなかった。

陛下御不例の新聞号外を読んだ日の夕刻、食事を済ませてから私は、小学二年生の長男を連れて宮城前広場に遥拝に出かけた。桜田門に来た時、私はその人波に驚かされた。命令されたわけでもなく、団体を組んでいるのでもなかった。黙々として語らぬ黒い人の群が、桜田門から二重橋に延々と連なって流れていたのである。恐らく私と同じように辻々に貼り出された号外で、あるいは人の口から伝え聞いて、期せずして集まったものであろう。二重橋の広場には砂利を踏む下駄の音が満ち、濛々と土煙りがたっていた。風のない暑い日であった。人波に揉まれてお濠端に近づくと、お濠の鉄柵には警察や火消し（消防）の高張提灯が立てられおり、その前の玉砂利の上に幾列か莚が敷き並べられていて、老若の別なく、男女の別なく、下駄を脱いで、伏している者、合掌する者、念仏を唱える者、いずれも土埃を浴び汗にまみれて御平癒を祈っているのであった。これらの人々の後には街の若衆が派手な浴衣の片肌を脱ぎ、裾をからげ、鉢巻に白足袋姿の威勢のよい姿で、直径二尺以上もあろうかと思われる大きな渋団扇で、伏して祈願する人々を煽いでいた。浅草辺りの街の若衆たちの奉仕であろうか。

私と長男は人波に揉まれ土埃を浴び汗にまみれてたたずんだ。二重橋の御門には御紋章のついた大きな提灯が張出されていて、衛兵の銃剣が物々しく光っていた。御警固が強化されたのであろう。遥かに仰ぐ大内山は、黒々とした木立ちに包まれて静まり返っていた。二十余年前、私が奥深く詰めた御在所のどこかに、偉大なりし明治史の終末に近い呼吸が静かに続けられ、重臣たちの眉を曇らせているのであろう。

思えば波瀾の多い時代であった。

この時代に生を享けて、その終末に近いこの頃、ある人は栄達し、ある人は落魄して私の前に現われたが、これらの人々も思い思いの胸を抱いてこの広場に来ていることであろう。この日期せずして全国に御平癒祈願が行われ、伊勢大廟はもとより片田舎の神社仏閣に至るまで夜を徹して灯がともされ、憂い顔の人が詰めかけて、思い出多き明治の世を繋ぎとめようと祈り明かした。病篤き陛下をご警護のために艦隊が葉山の沖合に集まり、近在の都市の連隊や、都市の代表や学生、生徒が続々と二重橋広場に集まるようになった頃は、陛下はすでに意識を失われていた。

明治四十五年七月三十日午前一時十五分宮内省発表

「昨二十九日午後八時頃より御病状漸次増悪し同十時頃に至り御脈次第に微弱に陥らせられ益々浅薄となり御昏睡の状態は依然御持続遊ばされ終に今三十日午前零時四十三分心臓麻痺に依り崩御遊ばされたり誠に恐懼の至りに堪えず」(岡、青山、三浦、西郷、相磯、森永、田沢、樫田、高田拝診)

私はじっとしていられずに、その朝早く紋服に袴を着けて青山の母を訪ねた。母もすでに起きて縁側に坐って庭を眺めていた。

「おお、よう来た、よう来た」

八十歳に手のとどく母は、不自由な足でよろよろと立ち上って私の腕をとっ

た。そして、

「天皇さまが亡くなられた」

と独言のように言いながら、私を仏壇の前に導いた。母がお燈明をあげ香料を焚いて念仏を唱えている間、私の胸裡には壮年期の天皇をはじめとして、私の父、姉、友人たち、亡き人々の面影が浮んでは消えた。遠く満洲の涯《はて》に仆《たお》れた人々も、一斉に大地から黒く浮び上って、この偉大なる明治の終焉を遥かに地平線の彼方から眺めているかに思われた。

思い出の多い明治は終った。楽しくもあり苦しくもあった明治、夢多く生命溢れた明治の世は終った。

九月十三日、御大葬の日、私たち一族は義弟詫摩武彦の家の前（現在、明治神宮外苑前）に造られた板桟敷に坐って夜を待ち、古式による霊柩車のお通りを拝観した。宮城御出門とともに夜空に弔砲が轟き渡った。葉山沖の軍艦も海面を圧して次々に弔砲を轟かした。明治の世をおくる弔砲である。沿道警固の兵士と警官が遠くから伝えられて来る号令に、はっと緊張して身を固くした。辺りは静まり返って騎馬の音だけが高く響いた。

私は右に老母の萎えた手を握り、左に長男の幼い手を握って闇を見据えた。

明治をおくり新しい時代へ入る一瞬であった。母はしきりに涙を拭っていた。

乃木将軍夫妻自刃の報が伝わったのはその翌日である。

「息子さんを二人とも喪われたからのう」

母はそう言って合掌した。新聞には遺書が発表され、多くの名士たちの談話が掲載されて、天皇への殉死が讃えられていたが、私は母の言葉が心に浸みて忘れられないのである。


明治天皇の崩御に際して、「遠く満洲の涯に仆れた人々も、一斉に大地から黒く浮び上って、この偉大なる明治の終焉を遥かに地平線の彼方から眺めているかに思われた。」という一節には、明治という時代の偉大さと悲劇性が籠っているように思われる。叙事唱歌「戦友」の歌も聴こえて来るようである。この雄大で悲愴なイマージュは、ブラームスの交響曲第一番のコーダのように、この言葉による交響曲「明治頌歌」を勇壮にかつ厳粛に結ぶにふさわしいものであろう。

あとがき

来年は、明治百五十年である。明治百年のときと同じように、明治を記念する様々な行事、あるいは文化事業が行われることであろう。

そのような明治の回想が行われるに際して、私は、明治に対して頌歌を捧げたいと思った。私は明治という時代、あるいは「明治の精神」について論ずるというよりも、歌いたかった。もう説明や解釈から成り立つ言説というものに、飽き果ててしまった。それは、根源的には、誤解を恐れずに言えば、文化主義の虚妄やヒューマニズムの限界を思い知ったということである。

明治についての関心は、随分と古い。私が、最初に書いた批評文は、北村透谷についてのものであった。これは、中村光夫氏の『二葉亭四迷伝』や『明治文学史』を愛読していた影響かもしれない。事実、この透谷についての一文は、中村氏に読んでもらうことができた。そして、鎌倉の扇ガ谷に住んでおられた中村氏のところには何回か伺って、その謦咳に接するという幸福に恵まれたのだった。

透谷論の後、国木田独歩、岩野泡鳴、斎藤緑雨、正宗白鳥という、今から思えば当時の青年としては随分変わった、明治の文学者たちを対象にした批評文を書いていた。
大学卒業後、出光興産というユニークな会社に長く勤めた。その間、三十三歳のときの内村鑑三との宿命的な邂逅を経て、季刊文芸誌「三田文学」に、編集長の岡田隆彦氏の御厚意により内村鑑三についての批評文を八回にわたって連載させていただいた。これを、藤野邦康氏の御尽力により一冊にして上梓したのが、平成二年のことであった。私は、すでに三十七歳になっていた。内村鑑三は、「明治の精神」の典型の一人である。

明治百五十年にあたって、明治に対する頌歌を執筆することになったのも、このような精神的な遍歴の自ずからの果実とも言えるように思う。

出光興産の創業者、出光佐三が、小説や映画になって話題になっているが、佐三は、明治十八年の生まれである。佐三の著作の『日本人にかえれ』に、昭和三十四年に書かれた「青年よ明治精神にかえれ」と題した文章が収められている。その中に、次のような一節がある。

私は青年に呼びかける。政治家をあてにするな、教育に迷わされるな、そして祖先の伝統の血のささやきを聞き、自らをたよって言論界を引きずれ、この覚悟をもって自らを鍛錬し、修養せよ、そして、その目標を明治時代の日本人たることに置け。

明治時代は日本にとって最も偉大な力を発揮した時代である。建国以来の日本精神が世界的に爆発した時代である。国民は日本精神を堅持して、外国文化を吸収し咀嚼した時代である。心身を鍛錬し、人格を養成して、人間尊重の基礎を堅め、社会国家のため己れを忘れて一致団結し、人間の偉大なる力を発揮した時代である。そして、あらゆる場面にこの挙国一致の姿を現わして世界を驚かした時代である。名もなき東洋の一孤島、漆の国ジャパンはわずか五十年にして世界の五大国になった時代である。この偉大なる時代を作った偉大なる力は、数千年来の精神文明の力である。

私も、出光佐三に倣って、明治時代の偉大さを、今日の日本人に「呼びかけ」たいと思う。「目標を明治時代の日本人たることに置け」と。

「偉大であると同時に過誤多かりし明治」（服部之総）や「明治には、後代の常識からすれば、政治家、軍人などに、暴勇、暴挙の評を与えて然るべき決断や行為が数々あった。にもかかわらず、その大半がふしぎに禍を呼ばず、かえって栄光をもたらした。国家が勃興する時は、そういうものである。」（山田風太郎）ということを、私も知らないわけではない。

しかし、明治という時代を愛し、「明治の精神」を心の支柱として来た私は、これまで明治をめぐって書いて来たものを、いわば総動員して「明治頌歌」を制作したかったのである。この作品には、『「海道東征」への道』に収められたものをはじめとして、今まで私が様々なところで発表した文章から切り取ったものがかなりある。しかし、これは単なる繰り返しではなく、明治への頌歌というテーマに基づいて組み直したものである。

歌いたかった私は、形式も思い切ったものにしてみた。一曲の交響曲を、言葉で書いてみようとしたのである。こんな「暴勇、暴挙」が成功するかどうか、わからない。

しかし、もう普通の形の評論のようなものを書く気は失せてしまった。近代の通念から出来上がっている知的世界は、もう本当に終わってしまったからである。そういう世界で青春を過ごし、これまで生きて来た私には、何とも悲しい気がしないでもないが、逆にそれを衝き壊した先に、新しい言語表現が出現するような予感も持っている。今回の作品は、そのような予感の中で書かれたものである。

この小著が、明治という時代と「明治の精神」がいかに偉大であったか、そして、それは日本の歴史上いかに特筆すべきものであったかの一端でもが、美しい音となって読者の耳と魂に響き渡るならば、これに過ぎる喜びはない。

本造りに当っては、荒岩宏奨編集長に大変お世話になった。厚く御礼申し上げます。

平成二十九年五月十二日　新緑の美しく輝く朝に

新保祐司

新保祐司（しんぽ　ゆうじ）

昭和28年生まれ。東京大学文学部仏文科卒業。文藝批評家。現在、都留文科大学教授。

『内村鑑三』で新世代の文藝批評家として注目される。批評の領域は文学だけでなく音楽にもおよび、「海ゆかば」の作曲家・信時潔について『信時潔』（構想社）を上梓。第8回正論新風賞を受賞。

著書に『内村鑑三』（構想社）、『日本思想史骨』（構想社）、『フリードリヒ 崇高のアリア』（角川学芸出版）『異形の明治』（藤原書店）『シベリウスと宣長』（港の人）、『「海道東征」への道』（藤原書店）など多数。

明治頌歌
言葉による交響曲

平成二十九年七月三十日　第一刷発行

著　者　新保　祐司
発行人　藤本　隆之
発　行　展　転　社

〒157-0061　東京都世田谷区北烏山4-20-10
TEL　〇三（五三一四）九四七〇
FAX　〇三（五三一四）九四八〇
振替〇〇一四〇―六―七九九九二
印刷製本　中央精版印刷

ISBN978-4-88656-440-5